管理哲学视阈下电子商务研究

王岩玮　著

图书在版编目（CIP）数据

管理哲学视阈下电子商务研究 / 王岩玮著 . -- 北京：企业管理出版社，2021.8

ISBN 978-7-5164-2440-7

Ⅰ . ①管… Ⅱ . ①王… Ⅲ . ①企业管理－电子商务－研究 Ⅳ . ① F274-39

中国版本图书馆 CIP 数据核字（2021）第 152841 号

书　　名：管理哲学视阈下电子商务研究

作　　者：王岩玮

责任编辑：郑　亮　宋可力

书　　号：ISBN 978-7-5164-2440-7

出版发行：企业管理出版社

地　　址：北京市海淀区紫竹院南路 17 号　　　邮编：100048

网　　址：http://www.emph.cn

电　　话：编辑部（010）68701638　发行部（010）68701816

电子信箱：emph001@163.com

印　　刷：北京虎彩文化传播有限公司

经　　销：新华书店

规　　格：880 毫米 × 1230 毫米　32 开本　7 印张　163 千字

版　　次：2021 年 8 月第 1 版　　2021 年 8 月第 1 次印刷

定　　价：58.00 元

序言一

电子商务几乎使很多人的生活方式发生了改变，无论主动或被动，无论程度大小。

电子商务使所有现代企业的生存环境发生了巨变，其经营理念、发展战略、职能战略、组织结构、运营与管理必须与之相适应。由此，电子供应链成为当代每一个经营主体最直接的生存环境。

高时效、低成本是电子商务的两大特点，正因如此，电子商务将成为大多数行业的发展趋势。然而，正当人们陶醉于电子商务带给人们的便利和巨大的经济效益的时候，电子商务带来的负面效应却时有发生。于是，我们感到对电子商务进行严密、慎重的掌控与轰轰烈烈的推进同样重要。

岩玮是我的博士生。他的《管理哲学视阈下电子商务研究》立足于我国当代电子商务发展中的实际问题，以哲学的角度来研究电子商务的发展问题。同时，将价值哲学进行实践应用，为管理哲学的研究提供一种新的范式。另外，本书研究电子商务发展与我国“一带一路”倡议的对接，研究在我国重大战略实施的过程中电子商务发展所带来的价值创造，这些都具有很重要的实践意义。本书还将价值哲学和管理哲学通过电子商务发展的模式引申到电子商务的价值观念、价值行为、价值评价和价值实现中。特别是对生产力、组织与人的全面发展等方面进行了详细的分析。

对电子商务进行管理哲学研究的序幕刚刚拉开，希望岩玮以此为契机，沿着这条道路不断探索下去，同时，也希望各位关注电子商务发展的人士与我们一道深入探讨，共同推进电子商务及其代表的数字经济的健康、有序发展。

张秀萍

2019 年秋

于中央民族大学文华楼

序言二

20 世纪 90 年代初，我曾被邀出席在韩国召开的世界无纸贸易大会，距今已二十多年了。当今的电子商务，无论是质，还是量，无论是概念、内涵，还是操作流程所涉及的部门、行业、规模等，都远远超出了人们的想象，是当年无纸贸易所无法比拟的。这表明信息化时代为电子商务提供了创新的巨大能量和活力，电子商务已成为我们这个时代不可或缺的生活模式之一，它给人们的思考和实践的空间实在太大了。王岩玮把管理哲学中的一些精髓，诸如组织精细、科学管理、高效便捷、协调有序、以人为本、服务到位等，同电子商务的具体业务紧密融合在一起，以此来阐述它们的相互关系和相辅相成的契合，很有创意，也很有意义，希望他能继续探索，不断完善对它的研究。

电子商务把信息技术、金融、物流、实体经济、交易、服务等诸多产业交织在一起，推动了社会扩大再生产，提升了大众的生活质量，使生产与消费、供与求跃升到一个新的高度，创造了无法用数字来表述的价值链，具有一定的战略意义和现实意义，其中电子商务所包含的经营哲学理念尤为人们所关注。王岩玮的这本书有其独到之处，既反映了他对事物敏锐的判断力，也道出了他对事物内在联系的探究兴趣和信心。人们对电子商务这一新事物的认识，尚处在“进行时”，电子商务作为国内外生产与消费的联系平台，作为社会发展的调节器，尚在不断完善中。此时此刻，从哲学理念上对它加以研究很及时，尤显必要。希望有更多的学者能积极介入这一研究，使其更上一层楼，使电子商务拓展为世界交易的广阔和稳固的平台。

秦宣仁　教授

对外经济贸易大学

前　言

电子商务是十几年来发展迅猛的一种商业模式，其发展已经对社会、经济产生了深刻的影响。同时，电子商务为我国创造了大量的就业岗位，培养了大批信息化商业人才，对人们原有的商务思维观念产生了深刻的影响。因此，对电子商务进行管理哲学的研究，是具有时代性和实践性的。本书立足于我国当代电子商务发展中的实践问题，从电子商务对于人们的价值观念、价值行为、价值评价、价值创造与价值实现入手进行分析，研究电子商务发展的规律性，并力图为合理、有效地推进电子商务的发展提供理论支撑，同时在研究中也体现出马克思主义哲学与时俱进的精神和积极创新的品质。管理哲学是马克思主义哲学在时代进步中与当代管理实践有机融合的结果，在管理科学领域中具有先进的世界观和方法论。对其进行深入地研究，将会促进管理理论的发展，提高管理艺术的水平，并在总结经验和实践反思的基础上，积极地进行理论的创新。

本书分为五章，以马克思主义价值理论为主线，对电子商务进行管理哲学研究。

第一章是对与电子商务相关的概念和管理哲学文献的述评。在不同的电子商务发展阶段，人们对电子商务的理解也不尽相同，但是，对电子商务的基本认识还是具有相对的一致性。电子商务的快速发展促进了社会的进步和经济的繁荣，在国民经济中已经占有相当重要的地位。在管理哲学的框架下结合电子商务的实践，对构建管理价值的理论结构有着十分重要的意义。构建理论结构的前提是有效地认知电子商务的主体和客体、主客体之间的价值关系，以及认知部分与整体的关系、理论与实践的关系，并且关注电子商务的异化问题。

第二章讲述的是创新思维与实践的价值观念。在电子商务的快速发展中，创新起到了至关重要的作用。电子商务企业的创新离不开对创新思维的建构和创新实践的应用，两者互为促进、互为影响。通过创新发展，不仅打造了企业的竞争优势，改变了人们的价值观念，还提升了国家的竞争能力。电子商务的创新不仅促进了本产业的发展，而且还促进了信息产业、物流业、金融业等行业的发展。另外，在价值意识和选择上要正确地认识创新与技术的辩证关系，并且重视电子商务创新对人们思维的影响。创新思维的培养和实践能力的提高，不仅更新了个人的价值观念，而且也已经成为社会主导的价值观。同时，电子商务也推动了物质经济与知识经济的变革。

第三章为组织战略与管理的价值行为。首先，电子商务面临的挑战是如何认识组织的作用。组织结构的多元性和统一性、战略行为的实施、文化的冲突与交融、竞争优势的培养，这些管理行为都会随着竞争环境的变化而变化，呈现出复杂性和多元性。其次，在组织与人的关系上，如何认识组织与个人之间的矛盾，实现个人价值观与组织价值观的统一，实现组织与个人的全面发展，这些问题都是管理价值行为的具体体现，同时也是价值观念在实际管理活动中的体现，是影响组织发展的重要因素。

第四章是对经济与社会发展的价值评价。在电子商务价值观念的形成和实践价值行为的过程中，价值评价构成了它们的中间环节。符合社会主流意识的价值观，对于电子商务的发展是有利的。这就需要正确地树立电子商务企业的伦理观，包括个人与组织的伦理观。另外，政府在价值评价中同样起到重要的作用，政府能够通过电子商务模式促进社会的和谐发展。

第五章讲述的是电子商务与我国重大战略的价值实现。首先，从全球化时代的视角看，电子商务促进了全球物质与文化的交往，同时与我国“一带一路”倡议相契合。其次，电子商务的发展促进了大数据时代的来临。通过对大数据的利用，促进我国制造业的升级改造，对智能产业的发展也起到辅助作用，最终与《中国制造 2025》相契合。电子商务与我国重大战略的结合，是电子商务在实践中创造价值、享用价值、实现价值的重要途径。

最后的结语讲述了自由、开放、共享的商务时代。电子商务是自由、开放、共享的商务模式，自由是首要的核心理念，开放是电子商务的精神实质，共享是未来发展的关键。

总之，在管理哲学视阈下对电子商务的研究，是在自由、开放、共享的思维模式下与时俱进的创新与发展，是符合我国特色的具有实践性和时代性的研究，是电子商务在发展中的实践反思与理论阐释。

目　录

绪　论

第一章　电子商务的相关概念和理论结构

第三章 电子商务组织战略与管理的价值行为

第四章 电子商务与经济社会发展的价值评价

绪　论

第一节 研究的缘起及意义

一、研究的缘起

管理哲学视阈下的电子商务研究是以马克思主义哲学为指导进行的管理哲学的研究，在理论上属于哲学、管理学、经济学交叉研究的范畴，旨在利用马克思主义哲学的理论把握时代精神，以开放的心态、世界的眼光来分析我国当代电子商务及其发展中的问题。电子商务起源于20世纪90年代，发展至今有近二十年的时间。电子商务的发展已经对世界经济产生了深远的影响。特别是随着信息技术的突破性发展，互联网的应用深入到每个家庭，人们的消费理念产生巨大的改变。同时，电子商务在人们的价值领域也发生了颠覆性的变化。传统的商务模式已经不能完全满足当代的需求，互联网发展带来的电子商务的巨大成功让人们不能再忽视它的存在。

我国电子商务起步于20世纪末，但发展却相当迅速，在近五年中，每年都以几何级数的交易量在增长，已经成为世界上最大的电子商务消费国，其中还产生了阿里巴巴集团、京东集团等具有广泛影响的商业组织。同时，电子商务的商业模式也冲击了传统的商务模式，改变了世界商务的格局，并逼迫传统商务模式进行升级换代。激烈的竞争环境带来了新的挑战，在电子商务蓬勃发展的时代，如何应对发展中的问题是时代赋予我们的一大课题。对于电子商务的研究，自从其诞生之日起就得到了广泛的关注，各个学科在十几年的时间内不断涌现出新的研究成果，特别是在信息技术、商务模式、物流技术等方面进行了大量的研究。但是，电子商务发展之迅猛是难以预料的，在各个层面的突破也是不可想象的，带给人们价值的变化更是深远的。特别是国家推出了"一带一路"倡议，以及深化改革开放、"十三五"发展等战略目标，为电子商务的发展提供了多方面的平台。可以预知，未来电子商务的发展将更加迅猛。但是，电子商务在发展的过程中也存在着多种多样的问题，问题的解决程度决定了电子商务的未来，同时也影响着中国经济的未来。在电子商务的发展中，法学、经济学、工学、管理学等学科都做出了相应的贡献。但是，几乎没有人从哲学的角度来研究电子商务及其发展。也就说，电子商务在发展过程中，缺乏哲学的梳理。

在马克思主义哲学视阈下进行的对电子商务的管理哲学方向的研究，体现了马克思主义与时俱进的精神、积极创新的品质，是马克思主义哲学在创新发展中与当代管理实践的有机融合。要使一种理论成为实践之有效成分，就必须使之鲜活地存在于特定的空间、时间和人群之中[①]。电子商务管理哲学研究是在我国当代发展过程中客观存在的，对有一定影响力的商务活动进行的实践性研究具有一定的鲜活性。该研究符合人们作为主体的多层次需要，同时也符合国家经济发展战略、繁荣社会主义市场经济的需要。而从社会发展的角度来看，社会发展程度的高低主要看其创造价值效率的高低，一些社会制度是否合理、社会的活跃度等问题也可以从价值创造和

① 王南湜. 马克思主义哲学中国化的历程及其规律研究［M］. 北京：北京师范大学出版社，2012.

实现的效率和效益的程度中看出来。对电子商务的管理哲学研究正是从马克思主义理论在电子商务领域上的综合分析与运用，来阐述电子商务所带来的价值理论问题。

二、研究的意义

本书属于管理哲学的范畴，以哲学、管理学、经济学等学科的研究方法对电子商务和其发展中的价值问题进行研究。

从理论层面上来讲，社会存在决定社会意识，社会意识反过来影响社会存在。电子商务的快速发展是客观存在的，影响了人们的意识与生活，同时，人们意识的改变也加速了电子商务的发展。因此，在电子商务发展的过程中，对哲学的思考、理论的梳理显得至关重要。特别是在管理哲学的视阈下对价值问题的思考，可以有效地解决因电子商务的发展过快而被忽略的问题。特别是在分析社会平等、商务伦理与传统商务的均衡发展、生产力发展、文化融合的角度等方面进行了理论性的创新。另外，该理论研究具备了时代性的特点，是管理哲学在管理实践和管理科学研究中与时俱进的表现。

从现实层面上来讲，电子商务的发展深刻地影响了人们的思维价值观念，促进了国家的深化改革，对技术的升级改造起到了至关重要的促进作用，为建立创新型社会构建了平台。在“一带一路”倡议下，电子商务的发展带动了我国产业的“走出去”，同时可以提高经济发展，改变经济模式，还可以提高“一带一路”沿线国家的经济实力和信息化基础设施建设，特别是能够提高发展中国家的竞争力，促进经济全球化的。对电子商务管理进行的哲学研究具有较强的实践性的特点，对价值行为的分析和价值评价的应用可以促进电子商务的健康发展，在价值创造与实现领域有着较为重要的指导作用。另外，还可以在总结经验和实践反思的基础上，积极进行理论的创新，促进电子商务的整体发展。

第二节 相关文献研究述评

管理哲学发展至今已经有九十余年的历史，在我国发展也有三十余年。期间，国内外涌现了一批研究者，这些管理哲学的研究有益于管理科学与实践的开展，提升了管理学的整体研究深度。但是，管理哲学视阈下的电子商务研究，在我国还缺乏系统的研究成果，结合管理哲学的研究成果和电子商务的特殊性而进行研究，正是本书的目的。

一、管理哲学研究述评

从管理学发展的百余年的历史来看，哲学一直伴随其成长，是管理思想不可或缺的一部分。管理哲学有助于管理科学的发展，也有助于管理实践与管理艺术的发展。管理哲学可以说是管理科学、管理实践、管理艺术的最高形态，不仅是对管理问题的哲学反思，更是对管理的世界观、方法论上的一种规律性的把握。

1911 年，泰勒（Taylor）的著作《科学管理原理》象征着管理学的诞生。泰勒在其著作中曾在十余处提及哲学对管理的作用，他认为“科学管理包括某种主要的普遍原则，是一种能够以各种方法运用的哲学观’[①]。可以说，管理学自从诞生之日起就与哲学紧密相连。

① 泰勒. 科学管理原理［M］. 北京：机械工业出版社，2007.

1924 年，英国管理实践家和管理思想家谢尔登（Sheldon）第一次以管理哲学命名的著作《管理哲学》标志着管理哲学真正的诞生，从此管理哲学的概念和研究出现在文献中，之后对管理哲学的研究逐渐增多。谢尔登的主要思想内容在于把工业管理看作一个整体，同时将工业整体也看作社会整体的一个部分；自觉地将科学与伦理进行统一的研究，突出了管理的伦理维度；展现了管理的人性与社会性的内涵[①]。

与谢尔登处在同一时期的美国女政治哲学家和企业管理哲学创始人之一的福列特（Follett），通过辩证的方法揭示组织生活，特别是管理中的哲学问题，并对组织中的冲突、权利、领导者等方面做出了突出的贡献[②]。

在管理哲学早期的发展历史上，著名的管理学家巴纳德（Barnard）也做出了很大的贡献，其著作《经理人员的职能》（1938）、《组织与管理》（1941）主要探讨了组织的协调和决策的过程，用整体性思维思考组织的成因及作用，并且拥有比较宽泛的社会视野[③]。

在管理思想的变革中，美国管理学家梅奥（Mayo）通过对霍桑实验的反思，指出现代工业文明虽然取得了巨大的进步，却忽略了对人的精神和社会的要求，通过两本著作《工业文明的人的问题》（1933）和《工业文明的社会问题》（1945）集中探讨了管理中人和社会维度，是人际关系理论的创始人。

管理哲学在当代还是一门比较新兴的交叉学科。在国外，成体系的研究管理哲学的著作并不多见，大多数是以管理学的某一个领

---

① 谢尔登. 管理哲学［M］. 北京：商务印书馆，2013.

② 福列特. 福列特论管理［M］. 北京：机械工业出版社，2013.

③ 巴纳德. 经理人员的职能［M］. 北京：机械工业出版社，2013.

域做哲学的研究。

霍金森（Hodgkinson）的《管理哲学》（1978）、《领导哲学》（1983）以探讨组织价值观为主，并且深刻地探讨了管理与哲学的内在关联。他认为“哲学是管理行为的一个组成部分、一个核心部分”，还集中探讨了管理的意义，对组织和人类的存在表示了人文主义关怀[①]。

德鲁克（Drucker）作为管理学的大师，在多部著作中研究了管理与人的关系，重视人的作用，注重发挥人的主观能动性，提出了把合适的人安排在合适的岗位上；注重企业的伦理问题，提出了企业利益的正当性；注重实践在管理中的应用，并认为管理就是实践。

西蒙（Simon）著的《管理行为》（1946）提出了有限理性假设作为前提的决策理论，对原有的管理理论进行了反思，并且把决策看作了管理的核心[②]。

威廉·大内（Ouchi）在《Z理论——美国企业界如何迎接日本挑战》（1981），提出了Z理论，通过对日本大型组织的研究，提出了日本组织哲学思想，并在组织理论和组织文化研究中实现了重大的突破。

明茨伯格（Mintzberg）的《战略历程》《明茨伯格论管理》，通过辩证的方法，系统地分析战略和组织的问题，解释了管理的实践性，对于管理实践性教育还有比较独特的看法。

彼得·圣吉（Senge）在《第五项修炼：学习型组织的艺术与实

① 霍金森. 领导哲学［M］. 昆明：云南人民出版社，1987.

② 西蒙. 管理行为［M］. 北京：机械工业出版社，2004.

践》(1990)提出了以系统性整体思考为主体的学习型组织理论等[①]。

雷恩(Wren)的《管理思想史》全面、系统地梳理了管理思想的演变和进化的过程，对许多成熟的管理理论提供了新的注解。他认为“相当明确的趋势、影响因素和哲学理念出现在这次对不断发展的管理思想的概念性分析中”，“管理思想一直被不断发展的技术、不断变化的人性假设，以及经济、社会和政治价值观的动态演变影响”。可以说，这部著作是在管理思想发展，特别是西方管理思想发展中有独特见解、较全面的思想史[②]。

我国对管理哲学的研究已经有三十多年的时间了，应该说管理哲学在我国虽然还是一门比较年轻的交叉学科，国内的相关著作主要集中在管理哲学和管理伦理学方面，但对管理哲学的研究还是比较系统和全面的。主要有影响的著作有：

崔绪治、徐厚德等著的《现代管理哲学概论》(1986)是在马克思主义视角下研究管理哲学的理论著作，该书写作与完成是在改革开放的初期阶段，具有较为明显的历史烙印[③]。

戴木才的《管理的伦理法则》(2001)深入地分析了管理与伦理的关系及其相互作用的模式，分析了管理的价值与伦理性质的关系，同时对管理的外在、内在的道德做出了相应的论述[④]。

杨伍栓所编的《管理哲学新论》(2002)[⑤]以马克思主义哲学为指导，论述了管理的主体和客体，分析了管理各个阶段和城市管理中的一系列哲学问题。

---

① 彼得·圣吉. 第五项修炼：学习型组织的艺术与实践［M］. 北京：中信出版社，2009.

② 雷恩. 管理思想史［M］. 北京：中国人民大学出版社，2009.

③ 崔绪治，徐厚德. 现代管理哲学概论［M］. 南昌：江西人民出版社，1986.

④ 戴木才. 管理的伦理法则［M］. 合肥：安徽人民出版社，2001.

⑤ 杨伍栓. 管理哲学新论［M］. 北京：北京大学出版社，2002.

彭新武等著的《管理哲学导论》(2006)[①]对管理哲学进行了重新的定位，着重批判反思内在的本质和现实的功能，提炼和概括出探索当代管理活动复杂性的思维方法论等。

葛荣晋所著的《中国管理哲学导论》(2007)[②]通过对中国哲学的研究，建构了中国管理哲学思想体系，揭示了其基本特征、管理模式、理论架构等。

刘敬鲁等著的《西方管理哲学》(2010)[③]从西方管理哲学思想发展的三个历史阶段，探讨了管理的各个领域、管理的终极问题、所取得的管理哲学成就等方面进行系统的论述。

齐善鸿等著的《新管理哲学：道本管理》(2011)[④]通过以人的心灵为起点与中枢的精神管理理论，以客观规律为起点与核心的道本管理理论，通过哲学的方法分析管理思想。

黄恒学等主编的《管理哲学》(2014)[⑤]主要研究了管理的世界观、价值观、目的论、手段论、规律论、效率观、资源环境论、能力论、创新论等诸方面，有效地揭示了管理哲学的特征和内容。

姚鸿健著的《管理哲学新论：管理即建构》(2015)[⑥]认为管理哲学即建构哲学，并从整体性、目的性、系统性、动态相关性、开放性、时空性、平衡性、制衡性、主次性、能动性、价值性等 11 个方面来建构管理哲学。

刘敬鲁所著的《现代管理重大问题哲学研究》(2015)[⑦]通过对管

---

① 彭新武，等. 管理哲学导论［M］. 北京：中国人民大学出版社，2006.

② 葛荣晋. 中国管理哲学导论［M］. 北京：中国人民大学出版社，2007.

③ 刘敬鲁，等. 西方管理哲学［M］. 北京：人民出版社，2010.

④ 齐善鸿，等. 新管理哲学：道本管理［M］. 大连：东北财经大学出版社，2011.

⑤ 黄恒学，等. 管理哲学［M］. 北京：中国经济出版社，2014.

⑥ 姚鸿健. 管理哲学新论：管理即建构［M］. 济南：山东大学出版社，2015.

⑦ 刘敬鲁. 现代管理重大问题哲学研究［M］. 北京：中国社会科学出版社，2015.

理的价值问题、情感问题、理性问题、利益问题、价值观问题等五大问题研究现代企业管理中的哲学问题。

另外，比较有影响力的著作还有以下几类：一类是以中国哲学为研究领域的图书，如成中英的《C理论：中国管理哲学》《文化·伦理与管理》，曾仕强的《中国式管理》《中国管理哲学》等，苏东水的《东方式管理》，黎红雷的《儒家管理哲学》，葛荣晋的《孙子兵法与企业经营谋略》《中国哲学智慧与现代企业管理》《老子的商道》等。较成体系的管理哲学著作还有齐振海的《管理哲学》，毛卫平等著的《管理哲学》，官鸣的《管理哲学》，张福榉等著的《管理哲学》，袁闯的《管理哲学》等。

另一类是在管理哲学领域有一些有影响力的期刊和论文。其中高良谋、胡国栋所著《人性结构与管理性质》（2012）将人的智力、意志、审美与管理实践的科学性、道德性、艺术性相结合，构建了三个维度，进而探讨如何确保人在管理实践中的主体性与目的性①；杨伍栓的《管理伦理与人本管理》（2004）分析了管理伦理与一般伦理学、管理心理学的关系，指出了管理伦理的特性和做好人本管理的关键②；阮平南的《管理理论与模式的根基——管理哲学》（2005）对中西方的管理哲学进行了比较，指出了中西方管理哲学融合的必要性和如何建立绿色的管理伦理观③；李萍的《论管理伦理的问题域及决策方法》（2007）提出了解决管理伦理决策的三种方法，即价值澄清法、评价法和平衡法④。当然，还有许多优秀的论文对管理哲学

① 高良谋，胡国栋. 人性结构与管理性质［J］. 哲学研究，2012（11）.

② 杨伍栓. 管理伦理与人本管理［J］. 西安交通大学学报（社会科学版），2004（12）.

③ 阮平南. 管理理论与模式的根基——管理哲学［J］. 北京工业大学学报（社会科学版 2005（3）.

④ 李萍. 论管理伦理的问题域及决策方法［J］. 哲学动态，2007（2）.

的研究起到了推动的作用。如苏建所著的《管理与人性》（2003），乔东所著的《管理思想哲学基础反思》（2006），王永明所著的《自我管理：知识经济时代的管理哲学》（2008），韩小荣所著的《管理人性论》（2009），李宏伟所著的《管理效率的哲学研究》（2011），沈伟鹏所著的《管理哲学视阈下“个人力”与“组织力”的关系研究》（2011），董庆玲所著的《管理意识形态问题研究》（2016）等一系列研究成果。另外，还有从中国哲学或技术哲学的角度研究管理及其哲学思想，从管理学的角度研究管理的应用和组织行为与人的行为等哲学问题。这些研究成果丰富了我国管理哲学的研究，提出了许多新的观点和方法。

二、基于管理哲学的电子商务研究述评

从现有文献和研究成果来看，关于电子商务的研究主要集中在从管理学和经济学的角度来分析电子商务的商业模式、对于消费者的影响、对于经济的影响、电子商务的营销方法或战略、电子商务与物流、电子商务与金融等关系；或从信息科学的角度研究电子商务的信息化水平、信息化建设等方面；或从政府管理的角度研究电子商务与政策支持、电子商务扶贫、电子商务与农村发展等方面。从我们目前所接触的文献研究来看，基于管理哲学的电子商务的系统研究是缺乏的，只是有部分文献从伦理学的角度来研究电子商务的问题。可以说，对电子商务进行管理哲学研究变得十分的迫切。但是，管理哲学的很多的研究成果都可以应用到电子商务的研究中来，寻找出电子商务的特殊性与规律性。

关于电子商务伦理或者信息社会伦理的研究主要有以下一些内容：季爱民在《对信息技术伦理根基性的思考》（2013）中认为，信

息技术的发展标志着文化发展的新转向，信息伦理则被包含在和谐社会的总体阐述中，我们应该让信息技术成为真正构建和谐社会的力量[①]。李伦在《相称原则：电子商务隐私保护的伦理原则》(2014)中认为消费者的个人隐私必须得到切实的保护，在特定的情境中，消费者的个人信息的收集范围应当与电子交易的目的相称，隐私的保护力度应当与隐私的敏感度相称[②]。代祺等在《B2C电子商务模式下的消费者道德决策：自我监控的调节效应》(2015)中认为电子商务企业可通过加大奖惩力度来降低非道德消费行为出现的概率，道德标准对道义评估具有很大的影响，可以利用网络媒体及网民的网络舆论监督力量营造公平、公正的网购环境[③]。李云清在《电子商务环境下信息伦理问题及应对策略探讨》(2005)中分析了我国电子商务环境下主要存在的伦理问题，并对其根源进行了分析，同时提出了无害原则、公正原则、知情同意原则、可持续发展原则、自主自律原则等五原则[④]。随着电子商务的发展，电子商务的伦理问题也日益突出，新的伦理问题也层出不穷，针对电子商务伦理问题的讨论也愈发激烈。

关于电子商务或信息经济与生产力方面有影响的哲学研究有：鲁品越在《在世界科技浪潮中实现生产力跨越式发展》(2002)中分析了信息技术基础上的新产业群及其产生新兴生产力与传统工业生产力的本质差异，并为我国在科技浪潮中发挥“后发优势”、克

---

① 季爱民. 对信息技术伦理根基性的思考［J］. 社会科学研究，2013(3).

② 李伦，李军. 相称原则：电子商务隐私保护的伦理原则［J］. 伦理学研究，2014(5).

③ 代祺，等. B2C电子商务模式下的消费者道德决策：自我监控的调节效应［J］. 技术经济，2015(1).

④ 李云清. 电子商务环境下信息伦理问题及应对策略探讨［J］. 生产力研究，2006(11).

服“后发劣势”提出了合理的建议[①]。鲁品越在其《知识经济时代与生产力理论的重构》(2000)中认为知识经济时代的生产力不再是人类征服与改造自然的能力，而应理解为社会解决其所要面临的经济活动的基本矛盾的技术性能力。生产力的形成与发展由社会所能获得的资源的性质与人们的主体力量的状况共同决定的[②]。在其《虚拟经济的诞生与当代精神现象》(2015)中认为在虚拟经济快速发展的今天，人们应该构建社会主义“人本财富观”[③]。叶险明在《关于知识经济的历史观诠释问题：兼论马克思考察生产力问题的两种视角及其相互关系》(2003)中认为知识经济是以知识的创造、传播和使用为决定因素的经济，其核心是创新，即以科学创新和技术创新为主的创新。正确把握知识经济与生产力的关系是对知识经济作科学的历史观诠释的关键所在[④]。关于电子商务与生产力关系的哲学研究并不多见，以上文献研究均是以知识经济或虚拟经济为主，但是，对于电子商务与生产力的研究具有不同程度的借鉴性。关于经济活动中公平与效率、自由与平等的研究也有大量的研究成果，结合电子商务的特殊性，我们可以对这些研究成果进行深入的分析和研究。

其他有助于以管理哲学视角研究电子商务的有：孙伟平、赵宝军在《信息社会的核心价值理念与信息社会的建构》(2016)中认为信息社会的核心价值理念是在信息社会中处于核心和支配地位，起主导和决定作用，并集中反映信息社会本质和发展方向的价值理

① 鲁品越. 在世界科技浪潮中实现生产力的跨越式发展［J］. 中国人民大学学报，2002(2).

② 鲁品越. 知识经济时代与生产力理论的重构［J］. 教学与研究，2000(9).

③ 鲁品越. 虚拟经济的诞生与当代精神现象［J］. 哲学动态，2015(8).

④ 叶险明. 关于知识经济的历史观诠释问题：兼论马克思考察生产力问题的两种视角及其相互关系［J］. 哲学研究，2003(9).

念[①]。在彭新武在《国家创新：制度与观念的变革》(2011）中认为建设创新型国家作为中国社会新时期的发展战略，不仅局限于技术和微观层面的创新，更需要全方位的社会制度的变革和观念的革新[②]。以上研究成果虽然没有直接以电子商务为研究主体，但是可以为基于管理哲学下的电子商务研究提供一定的借鉴。

目前在国内基于管理哲学上的电子商务研究成果还比较缺乏，为本书的研究提出了许多的挑战，但同时也为本书进行系统的研究带来了一定的机遇。

第三节 研究的思路及方法

一、研究的主要内容

本书用管理哲学的方法，以管理哲学和价值理论为主线研究电子商务及其发展中存在的问题。主要章节如下（如图所示）。

绪论部分主要介绍本研究的缘起与意义，拟采取的研究方法及面临的难题，基本结构和研究的创新之处。

第一章讲述了与电子商务相关的概念和理论结构，主要确定电子商务的概念、功能与商务模式，回顾电子商务的发展历程、发展态势及其在发展过程中所面临的管理哲学的基本问题。

第二章阐述了电子商务的创新思维与实践的价值观念，主要探

① 孙伟平，赵宝军. 信息社会的核心价值理念与信息社会的建构［J］. 哲学研究，2016（9）.

② 彭新武. 国家创新：制度与观念的变革［J］. 北京行政学院学报，2011（6）.

讨电子商务发展过程中对人们的思维模式和价值观念的影响，以及对技术创新的影响与冲击。

第三章主要剖析了电子商务组织战略与管理的价值行为，探讨了电子商务及其在发展中的组织行为和战略决策的问题、组织与人之间的关系等价值行为。

第四章为经济与社会发展中的价值评价，主要探讨了电子商务的伦理问题；电子商务经济对生产力、自由与平等、公平与效率的影响的问题；政府在其中的权力与责任的问题。

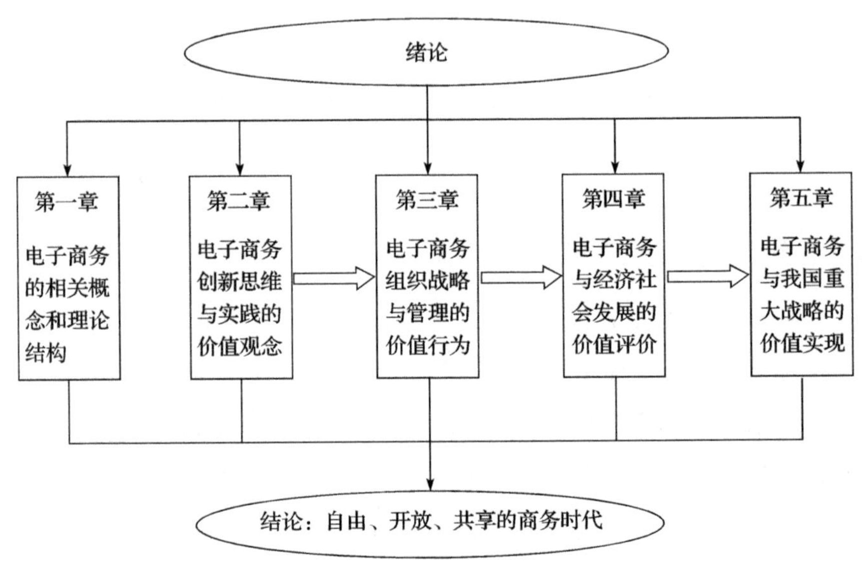

图　研究思路框架图

第五章为电子商务与我国重大战略的价值实现，主要通过马克思唯物史观的方法论研究在我国现代重大战略的实施过程中电子商务的推动作用和价值创造。

最后一部分为结语，讲述了自由、开放、共享的商务时代，主要对本书加以总结并对电子商务未来的发展及价值做出展望。

本书以电子商务的利益相关者为价值主体而进行的价值观念的影响、价值行为的实践、价值评价的应用、价值创造与实现的研究是一个整体的研究过程，对电子商务管理哲学的价值体系进行了有效的分析与阐释，四个环节密切相连，缺一不可，同时又是一个层层推进的研究过程，共同构成了对电子商务的管理哲学研究。

二、研究的方法

本书遵循马克思主义辩证唯物主义和历史唯物主义的研究方法，立足于当代我国电子商务发展过程中存在的哲学问题，对立进行思考与研究，遵循管理哲学的实践性与时代性的特点。在研究过程中面对现实，不断地进行反思，与时俱进地开展研究工作。同时，利用管理哲学、经济哲学、马克思主义价值理论、创新性思维方法、文化哲学、伦理学、科技哲学等哲学方法与综合管理学、经济学、社会学等研究方法结合应用，共同完成研究工作。

（1）文献分析法。

本书的主要研究是在充分借鉴电子商务研究的基础上开展的，广泛地查阅了有关此方面的文献资料，并对这些文献进行适当的整理，通过系统化的归纳与梳理而形成本书的立论基础。本书通过分析电子商务发展中的价值理论的特点与过程，并结合我国经济和文化发展的整体形势，找出其中存在的不足与缺陷作为进一步研究的出发点。这使本书提出的创新思路更有针对性和可信性，所提出的战略管理更具有可行性。

（2）管理实践与哲学反思结合法。

通过把电子商务在管理中的具体实践和哲学反思相结合，透析电子商务发展中存在的价值问题，并以哲学的角度来洞悉问题、调整逻辑思维。在电子商务发展和管理价值理论研究的过程中，采取一种合理的批判方式，避免理论的空泛化和绝对化。

（3）比较研究法。

分析发达国家电子商务发展的理念，借鉴他们在电子商务发展过程中最新的价值问题研究成果，为构建我国电子商务发展过程中的价值理论研究分析框架提供理论支撑。同时，通过借鉴我国优秀电商企业的管理实践与管理理念来分析其管理哲学思想。

（4）案例研究法。

以国内外优秀电商企业和有特色的中小电商企业为案例进行研究，验证本书所提出的管理价值的理论和观点，为我国电子商务发展的管理哲学提供了一定的借鉴和思考。

三、研究的重点、难点及创新

本书研究的重点在于第二章、第三章、第四章和第五章，分别研究电子商务对人的价值观念、对组织管理和人际关系的价值行为、对经济社会发展的价值评价、对我国重大战略的推进的影响和作用。本书研究的难点在于电子商务在发展中所涉及的价值问题较多，需要掌握最新的实时动态，用哲学的方法理解电子商务的管理哲学理论，需要具有一定的哲学知识。

研究可能带来的创新有以下几点。

（1）本书将以马克思主义哲学视阈下管理哲学的角度来研究电子商务的问题，并将价值理论应用于管理实践中，提供一种新的研究范式。

（2）本书在研究中创新性地构建了思维创新与实践的价值观

念、组织战略与管理的价值行为、经济与社会发展的价值评价、与我国重大战略结合的价值实现的理论框架，并对其内容进行了较为深入的研究。

（3）本书经研究得到如下结论：电子商务及其发展对人们的价值观念、价值行为、价值评价、价值实现都有着深刻的影响，未来将会是自由、开放、共享的商务时代。另外，本书在电子商务的异化、电子商务与生产力跨越式发展、电子商务与“一带一路”倡议的契合等内容上具有一定的创新。

四、研究中可能遇到的问题和解决方法

在研究过程中，最有可能出现的问题就是哲学概念的界定不清，掌握的数据与文献不准确。本书在创作过程中很有可能出现上述问题，从而无法顺利地完成研究，研究的价值也将大打折扣。为此，在本书的创作中，前期的准备工作尤为重要，广泛收集资料与数据，梳理研究脉络，把握研究动向，广泛听取专家和老师的意见，逐步建立、修改、推敲、完善本书的结构，尽最大的可能规避研究过程中可能出现的问题和风险。

本书将马克思主义价值理论引入到管理哲学的研究之中，是一次大胆的尝试，需要熟悉运用马克思主义价值理论的观点，把握住主客体之间的关系，在实践的指导下进行哲学的分析。

第一章

电子商务的相关概念和理论结构

电子商务是新兴产业的代表形式之一，在不同的阶段，人们对电子商务的理解不尽相同，但对电子商务的基本认识却达到了相对的统一。电子商务根据自身的特点也出现了多种的经营模式和不同的价值展现，并在诞生的十几年时间里快速地发展。从目前其发展态势和数据来看，电子商务的快速发展已经对我国的经济增长产生了巨大的推动作用，并全面影响着社会的进步和经济的发展。

管理哲学是管理科学、管理实践、管理艺术的最高表现形式，在发展至今九十余年的时间里产生了一定的研究成果，促进了管理学的发展与进步。我国对管理哲学的研究也有三十多年的时间了，在不长的发展时间里为管理学的哲学反思提供了方法，提高了管理学研究的深度，特别是在马克思主义哲学理论指导下发展起来的管理哲学研究更加适应我国的国情，有益于管理科学与实践的开展，提高管理艺术的水平。

在管理哲学的框架下结合电子商务的实际，构建出管理价值的理论结构有着十分重要的意义。管理本身是一项极其复杂的系统性工程，管理价值是整个管理过程中的主导思想，是引导整个管理活动的指南[①]。电子商务的管理价值首先是价值观念，主要是电子商务对人们思维的影响和价值观念的形成，其次是电子商务的管理价值行为分析，认清管理主体进行的管理实践活动中所带来的价值行为。再次是对电子商务进行价值评价，评价其是否符合社会主体和社会主流价值观的评价标准。最后是电子商务所进行的价值创造与价值实现。当然，分析电子商务管理价值的前提是认清电子商务的

① 杨伍栓. 略论价值与管理价值［J］. 北京行政学院学报，2004（4）.

主体和客体，认清主客体之间的价值关系，认清电子商务部分与整体的关系，认清电子商务的认识与实践的关系，并且关注电子商务的异化问题。

第一节 电子商务的相关概念及发展历程

根据不同的理解和不同的时代，电子商务的概念也存在着差异性。但是，电子商务是一种现代商业，通过现代信息技术和电子工具实现各种商务活动及其企业运营是所有概念表述的一种统一性。在电子商务及其运营中存在多种模式，主要的分类是根据主体间的不同而进行的分类，不同的模式也会有不同的价值产生。电子商务的快速发展，促进了社会进步，促进了经济发展和人口就业，在我国国民经济中已经占有了重要的地位。

一、电子商务的概念[①]

电子商务，就是在网上开展商务活动，是企业通过内部网、外部网与企业的职工、客户、供应商以及合作伙伴开展主营业务间的沟通、联系、交易等一系列的商务活动。电子商务具有狭义电子商务和广义电子商务之分。狭义的电子商务通常理解为在互联网上进行买卖交易（E-Commerce）。在交易过程中的电子商务涉及沟

① 董晓华. 电子商务概论［M］. 重庆：重庆大学出版社，2009；田华. 新编电子商务［M］. 北京：北京大学出版社，2015；洪涛. 高级电子商务教程［M］. 北京：经济管理出版社，2011；查菲. 电子商务管理：战略、执行与实务［M］. 大连：东北财经大学出版社，2011 年；吴晓波. 商战：电商时代［M］. 武汉：湖北教育出版社，2014.

通、流程、服务、在线等几个步骤。沟通是通过电子信息技术传递信息，提供产品或服务的电子支付；流程是指通过对信息技术和自动化等技术的应用，使商务流程和工作实现自动化；服务是指在提高质量和速度的同时降低成本；在线是指产品或信息在线交易。

广义的电子商务是相对于狭义的电子商务而言的，由 IBM 公司最先提出来的，并将这个概念应用于其他的服务之中。广义的电子商务（E–Business）是指通过应用互联网技术使关键业务流程转型，强调的是网络环境下商业化的应用。首先，这一概念在组织内部用于战略和运营的制定与实施；其次，用于企业主营业务的在线经营，为消费者提供周到、细致的服务支持。

电子商务在不同的时期和组织中的理解有所不同，分别具有不同的概念，比较典型的几个概念如下。英国政府认为，电子商务是在供应链任意层次上跨越电子化网络的信息交换，包括组织内部、商务之间与消费者，或公共机构和私人机构，无论是财务的或是非财务的。

美国政府在《全球电子商务纲要》中认为，电子商务是通过互联网进行的各项商务活动，包括广告、交易、支付、服务等活动。

联合国经济合作和发展组织（OECD）认为，电子商务是发生在开放网络上的包含企业间、企业和消费者间的商业交易。

全球信息基础设施委员会（GIIC）认为，电子商务是运用电子通信作为手段的经济活动，通过这种方式，人们可以对带有经济价值的产品和服务进行宣传、购买和结算。

惠普（HP）公司提出电子商务、电子业务、电子消费和电子化世界的概念，并指出电子商务（E-Commerce）是通过电子化手段来完成商业贸易活动的一种方式，是以电子交易为手段完成物品和服务等交换，是商家和客户之间的联系纽带。电子业务（E-Business）是一种新型的业务开展手段，通过互联网使公司、供应商、合作者、消费者之间利用电子业务信息共享，不仅能够有效地增强现有业务进程的实施，而且能够对市场等动态因素做出响应，并及时调整当前的业务。电子消费（E-Consumer）是人们使用信息技术进行娱乐、学习、工作、购物等一系列的活动，并使家庭的娱乐方式从电视转向互联网。

虽然各个国家、各个组织对电子商务概念的界定各有不同，但有一点却是相同的，那就是电子商务是一种现代商业的方法，通过现代信息技术和各种电子工具实现各种商务活动及企业运营的方式方法。

二、电子商务的经营模式

电子商务的经营模式，指的是在网络环境下电子商务企业经营的领域，或者是市场的定位和经营战略的组合。在研究过程中，一般按照参与主体的不同而确定经营的模式。电子商务的经营模式基本可以分为 B2B、B2C、C2C、G2B、G2C 等五种基本模式和一种 O2O 的特殊模式。

B2B 模式（Business to Business）主要是指企业对企业的经营模式，企业和企业间通过电子商务平台进行产品、服务和信息的商务活动往来，包括企业与供应商之间的采购事宜，企业与运输公司之间的业务往来，批发商与零售商之间的贸易，国际间大宗物品商业的交易等。这种经营模式减少了许多交易的成本，扩大了企业的活动范围和采购企业的挑选范围，为企业间的战略合作提供了基础。比较典型的公司为阿里巴巴网络技术有限公司（简称阿里巴巴集团）。

B2C 模式（Business to Consumer）主要指企业与个人之间的电子商务交易，是电子商务进行网络零售业务为主的商务模式，在电子商务网站上开展商品的宣传与服务的推广等活动。商家加入电商平台，参与电商平台的营销活动，同时举办自己的营销活动，接受消费者的挑选。这种经营模式比传统的经营模式节省了店面的开支和部分人工开销，减少了不必要的库存。当电商平台的产品十分丰富时，购物的人数相应也会增加，消费者可以用比较低廉的价格买到自己喜爱的商品。比较典型的 B2C 经营网站有天猫、京东、当当、亚马逊等电商交易平台。

C2C 模式（Consumer to Consumer）主要是指个人对个人的电子商务模式，消费者之间在网上进行小额的贸易交往，属于市民之间的自由贸易，开始以二手商品交易为主。这种商业模式加速了个人之间的物品往来，双方还可以进行讨价还价，完全体现市场的自由度。比较典型的网站有淘宝网或其他二手交易网站。

G2B（Government to Business）\G2C（Government to Consumer）模式的应用者主要是政府，政府在网络上发布信息和采购信息、办事流程等，企业、个人、政府之间通过互联网与政府办事机构沟通，提高了政府的透明度和办事效率。

O2O（Online to Offline）模式是一种线上和线下相结合的经营模式，主要为了消费者既可以在线下的实体店里体验商品，也可以通过线上交易，体现了电子商务的便捷，在我国发展速度很快。典型企业有苏宁云商。

三、电子商务的特点与功能

电子商务作为一种商业运营的模式，是互联网时代的产物，本身也具备着互联网的开放性、全球性的特点。除此之外，电子商务还具有其他的特点。第一，电子商务处理商务活动的效率得到了大幅的提高，突破了原有的时空的限制，可以做到全天 24 小时的经营和全球化的经营。第二，电子商务可以进行更加精确的营销和客户服务，通过数据分析为顾客提供精准的、个性化的商品信息的推送，极大地提高了营销的效果，同时也为顾客节省了时间。第三，电子商务具有普遍性的特点，它已经成为一种深入人心的商务模式，传统企业也纷纷加入电商的浪潮中，电子商务已经成了一种经营的趋势。第四，电子商务具有良好的互动性，商家通过电商平台进行产品的推广与宣传，同时也建立了良好的企业形象，并且通过网络通信工具可以与消费者保持一种良好的互动，也有助于企业的危机公关。第五，电子商务促进了企业的流程再造和企业的创新。在信息环境下，企业通过电子商务促进了自身的变革，加快了产品的流通，能够及时得到用户的反馈，为企业的变革和创新制造了良好的氛围。第六，电子商务推动了网络安全性的建设。电子商务的交易信息流和资金流需要通过互联网来完成，这就激励了互联网的安全系统的升级换代。

四、电子商务的发展①

电子商务始于 20 世纪 70 年代，发展于 20 世纪 90 年代，在十

① 董晓华. 电子商务概论［M］. 重庆：重庆大学出版社，2009；田华. 新编电子商务［M］. 北京：北京大学出版社，2015；洪涛. 高级电子商务教程［M］. 北京：经济管理出版社，2011；查菲. 电子商务管理：战略、执行与实务［M］. 大连：东北财经大学出版社，2011；吴晓波. 商战：电商时代［M］. 武汉：湖北教育出版社，2014；秦成德. 移动电子商务［M］. 重庆：重庆大学出版社，2016；特班，等. 电子商务：管理与社交网络视角［M］. 北京：机械工业出版社，2014 年。

几年的时间里，已经得到了快速的发展，其发展有其合理的方面，特别是对我国的经济发展起到了很大的促进作用，解决了大量的就业问题，并促进了物流业、信息产业、金融业、服务业的全面发展和社会的全面进步。

（一）电子商务的起源与发展

20 世纪 70 年代，电子商务的应用有了雏形的出现，即企业间的电子数据交换 EDI（Electronic Data Interchange）和银行间的电子资金的转账，将资金从一个企业划拨到另一个企业。20 世纪 80 年代，这些技术又得到了较大的发展，使用网络的企业逐渐增多，从初始的金融机构开始蔓延到制造业、零售业、服务业及其他的行业。1991 年，美国政府允许互联网向社会开放，网上商业应用系统应运而生。1993 年，万维网出现，这是一种可以处理数据、图文、声像和超文本链接能力的网络技术，使互联网具有了支持多媒体应用的功能。1994 年，美国人贝索斯创办了全球第一家 B2C 电子商务公司——亚马逊，从此全球电子商务时代拉开了帷幕。与此同时，美国工程师皮埃尔·奥米迪亚创建了一家便于收藏和爱好者交流的网站——eBay 网，这也是全球第一家 C2C 模式的电子商务网站。贝索斯与奥米迪亚共同开启全球电子商务的时代。特别是在 1995 年以后，新的网络应用形式一个接一个地出现，全球的大中型企业几乎都有自己的网站，这些企业或组织利用网络使员工、商业伙伴或公众十分方便地获取到公司的信息资料。1997 年，美国联邦政府要求各部门全面采取电子商务的方式。电子商务开始以新商业模式运作，把虚拟的网络经济与传统经济结合在一起，创造了全新的商业运作模式。

21 世纪以来，电子商务以新服务、新应用、新模式推动了企业的经营与运作，极大地拓展了用户和市场资源，也不断地提高了自身的经营运作效率与水平。电子商务的发展不仅局限于商业应用的领域，逐渐延伸到教育、医疗等领域，形成了E-概念的电子商务，使在线教育、在线医疗、互联网金融的理念逐渐深入人心。而电子商务的应用和发展也形成了三个主要阶段；第一个阶段是电子商务营销时期，主要在互联网上宣传、推送个性化、互动性强的产品推介。第二个阶段是电子交易时期，形成了亚马逊、eBay网等商务经营形式。第三个阶段是电子决策时期，电子商务对整个商业或社会的价值链管理进行高度的整合，云计算技术和大数据技术得到广泛的应用，电子商务的触角进入到各个行业，人们的消费观念在逐渐改变。现时期正是电子商务的第三个发展阶段。

（二）我国电子商务的发展

我国电子商务起源于20世纪90年代初的电子数据交换的电子商务应用。1993年，国家成立了国民经济信息化办公室，政府组织实施“三金工程”，工程的顺利开展为电子商务的发展打下了良好的基础，促进了我国互联网的发展。同时，互联网的发展也带动了电子商务的发展。1998年3月，中国第一笔互联网网上交易成功，此后互联网在商贸行业的应用与推广逐渐得到普及。1999年被称为“中国电子商务第一人”的王俊涛成立了我国第一家B2C网站——8848，主要用于在线销售软件和图书。但是，在2000年互联网泡沫破裂时，8848的商业模式过于新潮，最终因消费者没有完全理解其内容而倒闭。1999年，马云在杭州创办了我国第一家B2B网站——阿里巴巴网络技术有限公司。2000年，中国电子商务的行业组织——中国电子商务协会在北京成立，架起了国内外电子商务发展的桥梁。随后大批的传统企业参与到电子商务的浪潮中，电子商务发展速度变得十分惊人。我国的电子商务在 2003 年“非典”之后得到爆发式发展，当当、卓越、淘宝、天猫、京东等著名的电子商务网站相继成立并快速发展。大批的中国互联网网民们接受了网络购物的模式，许多有特点的、有专业性的中小电子商务企业进入了电商的领域，使电子商务的发展更加多元化。在电子商务的快速发展下，我国的信息化基础设施建设也取得了长足的进步，经营双方的诚信也得到了加强，物流业也更加快捷、安全。随着电子商务的发展，我国已经涌现出了在电子商务经营中各种模式的精英企业，积累了大量的电子商务管理经验、营销方法、资金投入。为了促进电子商务的发展，国务院在 2015 年出台了《关于大力发展电子商务加快培育经济新动力的意见》，指明了未来我国电子商务的发展之路，另外还出台了《关于加快发展农村电子商务的意见》，使电子商务能够为农村服务提供政策支持。移动互联的技术和智能手机的发展，也促进了移动电子商务，特别是网上零售业的发展，使网上购物摆脱了一定的束缚，更加的方便与快捷。

五、当代电子商务发展的规模及其对社会的贡献

电子商务近年来在我国得到了快速发展，我国有网民将近 8.29 亿人，其中参与电子商务的人数达到 7 亿左右。仅 2018 年电子商务的市场规模就达到了 31.63 万亿元，同比增长 8.5%，是同期 GDP 增长的 3 ～ 4 倍，其中 O2O 增长近 25%，网络购物增长 24%，这两项是电子商务强势增长的动力。2019 年，我国电子商务的规模超过 34 万亿元人民币，而且未来 5 年间电子商务的增速还将保持在 15% ～ 20% 之间，成为我国经济增长最为耀眼的产业之一。电子商务不仅带动了经济的增长，而且还解决了近 5000 万人口就业的

问题。电子商务的发展带动了社会整体的发展，其中在2019年11月11日当天，仅在阿里巴巴集团下的网络购物超过了2684亿元，共消费12.92亿笔交易，产生将近10亿件包裹。这么大量的交易对互联网、银行和物流业都是严峻的挑战，但是，随着我国前些年对于“双十一”购物节的预判与建设，人们现在能够比较从容地应对如此之大的考验了顺利展开。另外，2018年我国跨境电商规模达到9万亿元，占全国进出口总额的30%，年均增长11.6%，其中在双十一当天，我国电商与全球235个国家和地区都保持了贸易的往来，跨境电商助力我国企业进出口贸易的顺利展开。在今天，移动电子商务的发展模式也得到了迅猛发展，例如，在双十一当天无线消费占比达到了82%，网络零售的未来在于移动电子商务。目前在我国无论是城市还是农村，信息化的基础设施相对完善，人们都能享受到便利的无线上网条件，这样更会加速移动电子商务的发展。

电子商务的发展不仅极大地促进了经济的发展，而且带动了就业，带动了全社会的全面发展。未来电子商务的发展将会更加的人性化，以大数据和云计算技术为主，提供更加时尚化、个性化、更细致的服务内容，同时信息通信技术也将得到强有力的支持，特别是移动互联技术和智能化的物流系统的发展，也将把中国的电子商务产业带到新的高度。

第二节　电子商务管理价值的理论结构

电子商务的快速发展引起了人们的广泛重视。从管理哲学的角度来分析电子商务的管理价值的理论结构，需要从管理价值观念、价值行为、价值评判、价值实现等四个维度认识管理价值的存在。其前提是要从哲学的角度来认识和分析电子商务的主体和客体，特别是对其具有的虚拟主体的特性的认知，认识主客体之间的价值关系；另外，还要分析电子商务的部分与整体的关系、个别与一般的关系；分析电子商务认识与实践的关系；最后，理性地认识和处理电子商务及其发展中存在的异化问题。

一、电子商务的主客体及其价值

（一）电子商务的虚拟主体

电子商务起源于互联网，而网络空间具有虚拟的特点，虚拟空间是人类生存空间在互联网世界的延展，同时人的主体性也发生了延展。这就使电子商务具有独特的虚拟主体性，即人在虚拟空间展现的主体性[①]。虚拟主体与现实主体的主要区别在于主体可以与物理空间的身体相脱离，允许“身体离场”，极大地拓展了“自我”的形态，是主体的存在方式出现了两重性，即“自我”与“网我”。

虚拟主体的被认可是电子商务发展的必要因素之一。在网络空间里，虚拟主体通过网络展示自己的主体形象，创建自己的主体身份，并通过如网络银行、网上交易等行为实施主体的责任。虚拟主体依附于现实的主体之间，其行为和后果由其现实主体承担。在电子商务运营过程中，虚拟主体的电子签名和认证是确认交易主体的身份，其行为受到法律的保护。虚拟主体的特殊性造就了电子商务与传统商务的不同模式，为电子商务提供了不同的发展道路。

---

① 孙占利. 电子商务法［M］. 厦门：厦门大学出版社，2013.

（二）电子商务的主体

电子商务在经营过程中，按照经营的形态和层次来划分和标识的主体有第三方电子商务交易平台、个人网店、消费者、政府等类型，是电子商务运营的主要力量，同时，还能够发挥其主观的能动作用，调节自身的需求、目的、行为等，这也是电子商务及其发展最为关键的因素。

（1）第三方电子商务交易平台。

电子商务始于第三方电子商务交易平台的发展，促进了企业间、个人间的经济交流和合作。大型的第三方交易平台的崛起预示着电子商务时代的到来。按照经营形式，第三方电子商务交易平台可以划分为 B2B、B2C、C2C 等。企业电商或个人卖家在第三方交易平台中进行商务活动。除了为交易双方提供交易平台，还为双方制定了相关的规章制度，并有义务协助审查违法违规的经营活动，接受顾客的投诉，进行商务营销与策划，提供第三方担保，负责网络平台的正常运营等。第三方电子商务交易平台是电子商务交易双方的服务提供商，其具有中立性的特点，维护好买卖双方的合法利益，是其最主要的特点。同时，第三方平台还具有开放性的特点，接纳合法的商家和买家；具有虚拟性的特点，买卖的双方的活动均在网络上进行；具有营利性的特点，提供的服务是一种有偿服务，是市场经济中的一种形式。另外，第三方交易平台一般具有创新的特点，不断地扩展电子商务的边界，不断地利用互联网的特点来发展商务经营的模式。第三方交易平台的设立，极大地方便了交易双方经营活动，合理地促进了双方的商务往来。

（2）个人网店和企业电商。

个人网店和企业电商是电子商务往来中的卖家，以为消费者提供合法的产品和服务为主。随着电子商务的快速发展，个人网店和企业电商是电子商务环节中最为活跃的一环，与传统的卖家相比有许多共同的特点，但也具备自己的特殊性。首先是虚拟性，交易活动是在互联网上进行，双方并没有真实的接触。其次是交易成本大幅降低，网络的开放性和虚拟性使卖方能够更加自如地在网络上宣传自己的商品，省去了大量的场租与人工成本。最后是具有时空的非限制性，在世界的各个地方，一天 24 小时，一年 365 天，均可进行商务交易和往来。另外，个人网店和企业电商还承担着产品和服务创新的功能，为消费者提供更加多样化的产品和服务，丰富和繁荣市场经济。

（3）消费者。

消费者一般是电子商务活动中的买方，受到消费者权益保护法的保护，是电子商务经营活动中的利益享有者之一。消费者通过互联网的交易丰富了自己的物质世界和精神世界，接受卖方提供的产品和服务，并有权进行投诉。当然，消费者在交易的过程中也要履行自身的义务，按照电子合约的要求来履行自己的职责。

（4）政府。

政府是电子商务经营活动的监督者，有权监督第三方交易平台和买卖双方的交易往来，并为其提供网络基础设施建设和物流基础设施建设，对于违法违规的经营活动进行有效处理，稳定市场的繁荣，并且合理地建构电子商务法，为电子商务合理、有序的运营发展提供有利的条件。另外，政府还要对电子商务进行正确的价值观引导，构建讲诚信的、讲道德的经营环境。政府不仅是监督者，同时还要大力发展电子政府，提高政府信息化水平和办事效率，通过电子商务的发展不仅要繁荣市场经济，而且还要有效地进行传统文化的传播和电商扶贫工作，接受社会的监督。

（5）其他利益相关者。

其他利益相关者主要指的是电子商务行业的主要从业人员，包括电商平台的管理者、创新研发的工程师、市场销售人员、客服人员等，还包括了生产厂家和物流配送人员。他们是电子商务发展的直接受益人，是维护电子商务有序、健康发展的主体，也是电子商务创新的主体。

（三）电子商务的客体

（1）计算机和网络通信设备。

计算机和网络通信设备是电子商务发展的前提，计算机技术和通讯互联技术的快速发展造就了电子商务的今天。不断更新换代的电子产品为电子商务的发展提供了有力的支持，保证了信息流的畅通。移动互联的发展又极大地扩充了电子商务发展的空间，为电子商务的又一次突破式发展提供了便利的条件。同时，计算机和网络通信设备的发展也在不断扩充电子商务发展的边界，大容量信息储存技术、多媒体技术、大数据分析技术等都是电子商务不断发展的重要基石。

（2）产品或服务。

电子商务早期发展的主要因素是其提供了价格低廉的产品。随着电子商务边界的不断扩大，人们已经不能只满足价格低廉的产品，同时需要产品和服务的多样化，电商在经营过程中需要不断对产品和服务进行创新，为消费者提供各式各样的产品和服务。产品和服务是电子商务客体中的关键因素，直接影响商家的经营和消费者的体验，优质的产品和服务才是电子商务持续发展的关键。

（3）物流和交通运输。

电子商务在其发展过程中促进了物流业的发展，便捷、快速、安全的物流系统是电子商务发展的另一个关键，也是消费者消费体验的重要一环。物流和交通运输已成为电子商务运营以及未来发展的重要环节，其自动化的成果将会极大提高生产效率，消除电子商务发展的瓶颈，为其有序发展提供保障。

（4）资金及其他。

资金是电子商务运营中不可或缺的环节，资金有序、安全地流动能促进电子商务的繁荣。电子商务的发展促进了电子支付的发展，也促进了互联网金融的发展，而电子支付和互联网金融的发展与创新也为电子商务带来了更加便捷的支付方式，改变了人们消费和支付的观念，促进了电子商务的发展。强大的经济实力和资金的往来是市场经济繁荣的表现之一。除了以上各项要素外，电子商务的客体还包括其他与电子商务及其运营相关的一系列物质与文化产品。

（四）电子商务主客体的关系及价值

电子商务之所以在早期快速发展，主要是客体基本符合主体的需求，适合市场经济的发展规律。客体对于主体的价值，必然依主体的情况而表现出多元化的个性、多维性和时效性的特征[①]。主体与客体的关系更是一种动态的关系，客体需要不断地创新与发展才能更好地满足主体的需要。主体随着时间的推移不断地发生变化，客体同样需要不断地发展，主客体之间的关系也会随之发生变化。电子商务及其发展就是电子商务主体与客体之间发展的关系，其价值也体现在主体与客体之间的关系上。电子商务要在与时俱进中不断

① 李德顺. 价值论：一种主体性研究［M］. 北京：中国人民大学出版社，2013.

地丰富和发展，在矛盾运动中前进。

二、从部分与整体、个别与一般的角度看电子商务

电子商务的主体，在其运营中具有分层次的特点，这样电子商务就具备了部分与整体的哲学特点。个人网店和企业电商与第三方交易平台具有部分与整体的特点，第三方交易平台与电子商务行业具有部分与整体的特点。在全球化的视野下，我国的电子商务经济与世界的电子商务经济同样具备部分与整体的特点。电子商务的部分与整体之间是一种辩证的关系，都具有独立性的特点，不同的整体还具有不同的整体反思性。首先，电子商务的部分与整体之间相互依存、相互对立，在对立统一中相互发展。电商在经营过程中的部分可能与整体的经营理念，包括营销策略、政策实施等问题都存在着不同的观念，但是部分又离不开整体的发展，整体同样要通过部分的发展达到整体的经营效果，部分与整体就是在矛盾的运动中不断发展。其次，部分与整体之间能相互转化。电子商务的发展有着明显的分层次的特点，个人网店、第三方交易平台、电子商务产业，全球电子商务产业或国家经济规模等不同的等级，在部分与整体相互转化间其独立性和反思性逐渐于不同层次中显现出来。再次，整体不一定等于部分之和。部分与整体之间和谐发展，在共同促进、共同发展的情况下整体显现的作用将会大于部分之和。如果部分与整体之间矛盾重重，部分与部分之间竞争激烈，整体的作用将会小于部分之和。具体的形式需要通过具体的分析，整体具有整体的优势，同样，部分也具有部分的优势，双方在矛盾的运动中对立统一地发展，通过良性的竞争刺激部分的创新功能，才是电子商务发展的好的模式。在电子商务发展上，部分要符合整体的发展思

路，具有整体的观念，同样，整体也需要构建适合部分发展的环境，为部分营造好的经营环境。部分与整体共同发展，一起繁荣电子商务经济。

除了从部分与整体的思路看待电子商务及其发展，还可以从个别与一般的角度或者从特殊与普遍的角度来看待电子商务的发展。电子商务最主要的特点就是通过互联网来进行商务经营的往来。但是，从个体发展的角度来看，不同的个体具有不同的特点，不同个体的创新点也不同，这样电子商务的经营才能满足消费者的多样性。另外，个体的特殊性或个别性是电子商务个体在竞争中的核心竞争力。当然，个体间需要达成一定的共性，主要是经营的规则等，才能使电子商务经营有序，发展合理。共性是所有成员都必须具有的，也是必须遵守的。个性与共性是相互促进、相互对立的辩证关系。

三、从认识与实践的角度看电子商务

认识与实践是人类的两项基本活动，人类的发展是在认识与实践的矛盾运动中不断发展的。电子商务的形成与发展同样离不开人们的认识与实践。认识是主体对客体的一种观念的掌握，目的是为了主体能够有效地掌握世界的活动。人的思想观念不管形式上多么的复杂与抽象，归根结底是来自对客观对象的反应。当然，不仅是简单的反应，也包含着主体对客体信息加工处理和观念的建构，是主体和客体在观念中的统一[①]。人们一开始对于电子商务的认识是从商务往来的便捷性的角度出发，电子商务的主体能够方便、快捷地进行商务交往，同时，通过对客体的研究、加工和处理，在观念上

① 欧阳康. 马克思主义认识论研究［M］. 北京：北京师范大学出版社，2012.

形成了电子商务经营的方式，最终达到了主体与客体在观念中的统一。电子商务，是指人们通过网络进行商务活动，突破了时间与空间的限制。在时间和空间上，电子商务的发展符合了人们对未来商务发展的预期。在认识内容上，人们通过认知、评价、建构电子商务，逐渐接受电子商务的模式。当然，光有认识还是远远不够的，电子商务的发展主要在于人们在认识的基础上进行了实践。而价值是在实践中产生、在实践中解决、在实践中发展的问题，实践是一切价值的源泉[①]。电子商务的价值就在于人们不断地实践，通过实践反思电子商务的功能，从而更好地认识电子商务的价值，再反过来指导实践的过程。可以说，电子商务是人们在不断的实践中认识发展的过程。以电子商务为主的信息化产业模式具有更加鲜明的特点，不通过实践是绝对不会认识其发展的真正的内涵，不了解其真正的便利性，当然也不会认识和批判其不足。正是这样的实践使电子商务不断地完善，既作为动力，也作为条件，促使其本身不断地演化和更迭。

四、电子商务及其发展中的异化问题

马克思把“劳动”的概念与“异化”的概念相结合，意识到了政治异化只是表层的形式，更深层次的原因在于经济异化，并对这一现象进行了分析与解释，提出极富独创的概念：异化劳动[②]。异化的本质理解为主体与客体所处的特殊关系，即主体创造了客体，客体却反过来成为主体的统治者[③]。电子商务的异化便是指脱离了电子

① 马俊峰. 马克思主义价值理论研究［M］. 北京：北京师范大学出版社，2012.

② 聂锦芳. 马克思的“新哲学”：原型与流变［M］. 北京：中国社会科学出版社，2013.

③ 俞吾金. 被遮蔽的马克思［M］. 北京：人民出版社，2012.

商务的本质，主体的自我意识与电子商务经营的实质相背离，电子商务的客体在一定程度上控制着主体的行为和思想。电子商务及其发展中的异化问题并非电子商务的主流问题，但是，同样需要得到重视，如果忽略的话，将会对主体造成伤害。

首先，电子商务以其价格低廉和极其丰富的产品吸引了广大的消费者，特别是在每年定期或不定期的促销活动中方便了消费者的购物，为消费者和商家带来了切实的利益。但是，部分消费者只考虑价格低廉的问题，而忽略了购物的本质和产品的实际用途，就会产生异化问题，消费者购买大量无用的商品，造成极大的浪费。另外，部分商家的促销，特别是返券打折等活动，同样会造成大量的产品在消费者手中的积累，造成严重的浪费。还有，电子商务方便的购物环节，特别是移动互联技术的发展，更促进了电子商务的商务往来，有些消费者将浏览电商网页作为了一种习惯，将下单购物作为一种日常爱好，又因冲动消费而购置了大量无用的产品。电子商务本是方便快捷的商务活动，却因为消费者购物的不理智行为使得产品的用途无法发挥出来，造成产品和资金的极大的浪费。

其次，电子商务在发展过程中的社交网站和即时通信工具为人们在虚拟空间的交流打开方便之门，知识和信息在互联网世界快速传播，自媒体时代又使人的个性得到了充分的展示。但是，在交流与沟通方面，有些人沉迷于网络世界的交流，却忽略了在现实空间的交流，致使自己在虚拟空间的交流能力大幅提升，在现实空间的交流能力急剧下降，甚至忘记与现实的人如何沟通交流。这就是电子商务中沟通的异化。在互联网的世界里，人们突破了时空、阶层的限制，彰显了个性，但是，在现实的生活中，人与人之间的感情日趋淡薄，有些人甚至沉迷于网络的虚拟空间或游戏空间而无法自拔。这是电子商务在发展过程中最为严重的异化问题。

电子商务在发展过程中的异化问题是发展中的问题，虽不是主流问题，但也需要高度的重视。解决或缓解电子商务异化所产生的问题，不仅需要主体的自我觉醒，还需要对主体的社会价值观进行正确的引导，为电子商务的健康发展提供良好的环境。

| 第二章 |

电子商务创新思维与实践的价值观念

电子商务是新兴的商业模式，在其快速发展中，创新起到了至关重要的作用。电子商务企业的创新离不开创新思维的建构和创新实践的应用，两者互为促进、互为影响，通过创新发展，不仅打造了企业的竞争优势，而且改变了人们的价值观念，提升了国家的竞争能力。同样，电子商务的创新不仅促进了本产业的发展，而且还促进了信息产业、物流业、金融业等全方位的发展。另外，在价值意识和选择上要正确地认识创新与技术的辩证关系，并且重视电子商务和创新于人们思维的影响。

第一节　创新思维与创新实践的竞争力构建

电子商务的发展离不开创新，创新是电子商务发展的动力。而电子商务的创新也可以分为渐进式、多样化的创新和突破性的创新两种形式。电子商务在创新过程中还要把握住创新的度，在适当的时间与空间进行适当的创新活动。当然，电子商务企业的创新离不开创新思维的建构和创新实践的应用，两者相互促进，创新思维与创新实践为电子商务的逐步完善提供了实质性的帮助。在创新意识的驱动下，我国的电子商务已经完全可以打造出具有国际影响力的企业，并且逐步形成核心竞争优势，有能力参与到国际竞争之中。而创新思维与实践的另一个重要意义在于提升了全民族创新的价值意识，成为人们的一种精神状态，也使创新成为人们的一种信念、信仰和理想。同时，创新的价值观念在人们心中发展壮大，而这种价值观念也将会成为人们内心深处的价值标准，为创新思维与实践的发展提供丰厚的土壤。

一、电子商务与创新的关系

电子商务的迅猛发展离不开创新，可以说是创新引领了电子商务逐渐走向成功。创新对电子商务来说既可以是颠覆性或突破性的创造，是一种质的升华，也可以是多样化的改造和逐渐完善的过程。在电子商务的创新过程中，人们从中受益，感受到创新带来的便利和价值。人们在知识和经验的积累过程中，逐渐产生了创新的信念。

（一）创新的起源

创新是人们利用新的知识或新的技术创造出新的产品或改进新的工艺，来推动人类的进步和创造更多的财富。创新伴随着人们的生活和工作，它使世界变得丰富多彩。现代社会因为创新而发展，而创新的理论也引起了哲学家、科学家、经济学家、管理学家等专家的广泛重视。创新这个理论首先是由熊彼特提出，他认为经济的本质并不是均衡，而是打破均衡，创造性地打破均衡后，实现了新的经济发展，这就是创新的本意。熊彼特还认为创新是实现生产要素和生产条件的新的组合，并有五种情况：一是引入一种新的产品或提供新的产品质量，二是采用新的生产方法，三是开辟新的市场，四是获得原料新的供应来源，五是实行新的组织制度[①]。管理学大师德鲁克认为，创新是通过有目的的变革和努力，提升一家企业的经济潜力[②]。从两位大师对创新的描述中，我们可以看到创新是一种动态的变化，是对原有事物均衡状态的一种打破，并且能够创造出新的价值。

---

① 熊彼特. 经济发展理论［M］. 北京：商务印书馆，1990.

② 德鲁克. 创新与企业家精神［M］. 北京：机械工业出版社，2009.

（二）电子商务与创新的辩证关系

创新并不都是一种革命性和颠覆性的创造，也得按照不同的功能分为不同的层次。在人类的历史上，牛顿及其经典力学、爱因斯坦和相对论这样对人类的发展造成重大影响的创新并不多见，而这种突破性的研究和创新也是可遇而不可求的。对电子商务来说，第一台计算机的诞生和互联网的诞生可以说是电子商务能够诞生的突破性创新，当然，计算机和互联网的出现也是人类文明的突破性创新。彼得·蒂尔在其著作《从 0 到 1：开启商业与未来的秘密》中将创新分为两种类型：一种是从 0 到 1 的创新，是一种垂直性的、突破性的创新，是一种质的升华的创新；另一种是从 1 到 N 的类型，是一步步改善产品，是一种水平型的完善，是一种多样化的创造[①]。在电子商务生态领域中，具有质的升华的创新，并深刻影响着电子商务发展的可以说有以下几种：其一是第一家电子商务经营平台的诞生使互联网和商业紧密地联系在了一起；其二是金融与互联网的联通，使支付变得简单且可靠；其三是第一家社交媒体的诞生，改变了人们固有的交流沟通的模式；其四是移动互联的商务经营，让人们摆脱了线路的束缚，从中我们可以看到，以上的四种创新模式都是在电子商务经营中发展而形成的突破性的创新。突破性的创新是企业所追求的目标，掌握了突破性的创新，产品就可以占有市场的先机，并可以书写业态的经营规则。但是，我们也应该知道，并非所有突破性、激进型的创新都可以为企业带来巨大的效益，还需要把握住创新的时机。我们也看到很多电子商务企业因为人们的思维与习惯并没有达到创新产品的要求，由先行者变成了先

① 彼得·蒂尔. 从 0 到 1：开启商业与未来的秘密［M］. 北京：中信出版社，2015.

烈，这些创新的企业是值得人们尊重的，但是，他们对创新的时机和过程的把握却存在一些问题。创新时既要具有前瞻性，也要具有可操作性。很多的企业家，特别是信息产业中的企业家，都希望自己的创造性的产品可以颠覆市场规律，获得超额的利润，但市场是要循序渐进地发展，是要有规则地扩展，要有一定的市场占有率，然后再进行扩充。突破性的创新是可以获得丰富的利润，但对于大多数的电子商务企业来说，创新是从 1 到 N 的过程，是使电子商务的产业形态逐渐完善的过程，使功能逐渐丰富的过程，是一种使产业多样化的过程。这种创新是对客体的创新与完善，在创新的过程中主要是对产品的创新、工艺的创新、服务的创新等。在创新中使电子商务的产品逐渐多样化和个性化，工艺更加先进和环保，服务更加便捷和优质。这些创新改善了人们工作和生活的方式，同样使电子商务的边界在逐渐地扩大，服务领域也更加宽泛。在创新中，我们还可以看到创新并非全是研发部门的事情，而是一种综合性和整体性的工程，是在适应外部环境下内生的一种改变，是需要组织间各个部门和人员的配合。缺少合作往往是创新的天敌，要实现企业脱颖而出的差异化，就需要企业之间精诚合作[①]。电子商务的发展之所以如此迅猛，深刻地影响着人们的消费和生活观念，主要在于电子商务企业间的竞争和持续的创新为人们带来新鲜感和便利的生活体验。

二、创新思维与创新实践

创新思维是创新实践的基础，创新实践是创新思维的一种应用

① 摩尔. 公司进化论：伟大企业如何持续创新［M］. 北京：机械工业出版社，2014.

的体现，创新思维与创新实践两者互相影响、互相促进。电子商务的发展是电商企业持续不断地运用创新思维与创新实践相结合而成，思维与实践的相辅相成促进了事物的发展与前进，在前进的过程中，创新的思维与实践逐渐由人们的价值意识自觉地、理性地升华为人们的价值观念。创新思维与创新实践正是在运动的过程中逐步深化了人们的价值观念。

（一）电子商务与创新思维

思维是人们大脑中固有的一种思考形式，指导着人们的生活和思考问题的方式方法。管理学的思维模式是以效率为优先的，泰勒的科学管理就是以其为核心。但是，随着科技的进步，特别是控制论、信息论、系统论的诞生，颠覆了人们原有的思维模式。电子商务的创新大多是集中在信息化思维模式下个人或组织创造力的发挥。创造力是人类所特有的综合性的本领，是与个人的知识、智力、能力和品质紧密相连的，同样也是受着外界环境的客观影响。创造力的发散性和独创性让人们无约束地探索未知的世界[①]。要拥有创新性思维，还需要创新者密切关注外部环境及其变化，在多角度、多方位的思维模式下处理事务和解决问题，需要不断地批判性思考事物本身，善于寻找事物的矛盾，并且有自己的创意，最终实施实践的过程。创新性思维与哲学的反思性思维相得益彰，相互促进，相互影响和作用。

（二）电子商务的创新实践

电子商务的发展需要有创新性思维和创新型产品，但是，最终要将创新型的事物应用于实践，接受市场的考验，这就是创新实践。电子商务与以往的商品销售模式相比，产品的生命周期变短，

① 宁钟. 创新管理：获取持续竞争优势［M］. 北京：机械工业出版社，2012.

产品的成长期和衰退期的时间变得更快，需要将在创新性思维下的产品快速地投入到市场的实践考验中。而创新性实践也是使电子商务产业不断发展壮大，电子商务企业不断获得竞争力的原因。在电子商务的创新实践来源中，首先是人们的认识的转变，使大量的创造性产品和服务在电子商务中得到应用。互联网用户的激增和互联网的便捷性使企业意识到了电子商务将会改变人们的生活和消费方式，同样，随着电子商务的广泛应用和人们对网络便捷性的进一步认知，使电子商务在边界扩充上越走越远，这种方式激励了电子商务企业的创新。其次是新知识在电子商务实践中的运用，激发了电子商务的创新。数据库技术、多媒体技术、大容量存储技术是电子商务起始阶段的发展要素，电子商务也促进了大数据技术与云技术在其实践中的创新。移动互联技术促进了电子商务激发式的增长，让人们摆脱了计算机的束缚，随时随地都可以进行商务往来，同样，电子商务也促进了移动互联技术的发展，为了让人们体验更加快速的网络，移动互联技术也在不断地推陈出新。当然，影响电子商务创新的因素还有很多，但是，所有成功的创新项目都曾进行过系统性的思考，在正确的机遇面前抓住了机会，同时，创新的项目确实可以提高产品的使用价值，让人们真正体会到创新带来的价值改变。在创新中，创新者还要意识到微小的、持续的改变与完善也是重大的创新，适用于实践的要求，符合人们对电子商务的期待，才是好的创新项目。

三、国家创新与竞争力的建构

我国经过将近四十年的经济快速增长，现在已经成为全球第二大经济体和第一大贸易进出口国，同时也是世界第一大电子商务贸易的国家。国家在追赶世界先进潮流的历程中经历了太多的风风雨雨。相比较模仿和学习国外的先进技术来说，获取持久的创新能力和世界竞争力会更加艰难。创新的意识和能力也日渐成为国家竞争力的体现和国际地位的突出表现[①]。我国电子商务的发展速度和产业规模在复杂动荡的全球化环境中逐渐成长，并对世界的经济产生了重要的影响，打造了持久的竞争优势，日益成为我国的战略重点。电子商务驱动的创新在我国也日益频繁，并逐渐影响人们的消费方式，取得了比较理想的成绩。我国也开启了一次前所未有的行动，正式提出“科技创新是提高社会生产力和综合国力的战略支撑”这一战略理念，宣布实施创新驱动发展战略[②]。电子商务在国家创新发展的驱动下，可以激发全社会的力量，进行一场复杂的、系统的创新，从管理制度、技术发展、社会重视等多角度进行变革，提升电子商务业态的整体发展能力，激发社会的创新活力，发挥从业者的创新潜力，促进电子商务的变革，逐渐打造出具有世界影响力的国际竞争优势。

电子商务以创新为驱动，打造国家优势，参与国际环境的竞争，需要有四个关键的要素：生产要素；需求条件；相关产业与支持性产业；企业战略、企业结构和同业竞争[③]。这四个要素是一个双向强化的系统，其中一项要素的效用必然影响到其他要素的状态。首先，在生产要素环节，我国地大物博，有着庞大的消费人群，特别是以创新为驱动的电子商务行业，重视知识的学习与积累，不断推出新的产品、工艺和服务。在基础设施建设方面，我国

① 彭新武. 国家创新：制度与观念的变革［J］. 北京行政学院学报，2011（6）.

② 《创新之路》主创团队. 创新之路［M］. 北京：东方出版社，2016.

③ 波特. 国家竞争优势［M］. 北京：中信出版社，2012.

经过持久的建设，已建成了完备的公路、铁路、航空、航运的网络和计算机通信网络，在货物运输和信息传输方面都可以满足电子商务未来的发展。其次，在需求条件环节，我国的电子商务的消费人群达到5亿，庞大的内需带动着整个行业的发展和有序的竞争。在国际市场上，有多个国家和地区与我国有电子商务的贸易往来。强大的内需和广阔的海外市场是激励电子商务行业创新发展的原动力，是电子商务行业未来发展的空间。再次，是相关产业与支持性产业要素。经过发展，我国已经具备了完善的工业体系，我国是世界第一大制造业国，虽说有些行业不够强大，但是始终在发展，而且发展势头良好，还有一些行业，特别是信息产业在以创新为驱动的环境下，攻坚克难，在世界的高科技领域占有了一席之地。另外，还有快速增长的服务业和物流业，都为电子商务打造国家竞争优势提供了战略的保障。最后是企业战略、企业结构和同业竞争要素。在电子商务发展的历程中，我国相继产生了阿里巴巴集团、京东集团、腾讯集团、百度集团等众多具有国际影响力的电商企业，而且他们的现代化治理结构和对创新的支持都使自己不断地发展壮大，并且带动了众多中小型电商企业的发展，在全社会形成了以电子商务企业为创新驱动和创业驱动的新态势。诚然，电子商务成为国家的竞争优势还有许多地方需要完善，但是，以创新为驱动的电子商务行业已经初步具备了作为国家竞争优势的产业，在四个要素的相互促进和发展下，不断地创新。假以时日，我国电子商务不仅体量上是世界第一，也将成为国际电子商务业的经济和技术的引领者。

电子商务的创新带动了国家竞争能力的提高，使国民获得了幸福感和满足感。这种创新不仅是个人在实践中价值观念的体现，同时也是社会价值观念的体现，是以社会自身的存在、发展为基础而确立的价值观念。可以说，这种创新的精神带动了全民族的活力，成了民族的精神信念。

第二节　技术创新与实践的辩证性

电子商务的发展得到了信息技术、物流技术和金融行业的支持，同样，电子商务现阶段的巨大规模和不断发展的态势也刺激了信息技术的革新，物流行业的信息化和自动化建设，互联网金融的变革，它们之间是一种辩证的关系。当然，电子商务与技术的发展不仅是辩证统一的关系，而且技术还具有“双刃剑”的作用，合理、适度地运用技术，是电子商务发展的正确途径。而创新作为人们的价值观念，同时也在刺激着各个行业的变革，以实践促进创新的发展，以创新引领人们价值观念的转变。

一、信息技术的创新与电子商务的发展

电子商务是在信息技术为代表的高新技术不断创新、不断实践的结果。可以说，信息技术的繁荣发展同时带来了电子商务经济的腾飞。信息技术与电子商务的发展可谓是相辅相成、互相促进。科学技术本身就是生产力，能够为社会带来巨大的经济效益，又会影响人们生活的各个方面，不断地推动社会的进步。同时，科学技术的创新是在不断地挖掘人们的潜能，当今世界，人们正以极大的热情在拥抱科技的创新，生产力也是在不断地提高。在信息技术世界有三个著名的定律，即摩尔定律、安迪—比尔定律和反摩尔定律，

三个定律能够比较客观地描述信息技术发展的基本规律[①]。同样，电子商务技术的发展基础就是以信息技术的互联网、数据库、多媒体技术为基本支撑，逐渐引入新的信息技术，不断地发展和创新，使电子商务的发展越来越快，应用的边界越来越广泛。而电子商务的巨大影响力同时成为信息技术创新实践的重要场所。信息技术的三个定律在电子商务领域也得到了很好的示范，电子商务的发展和规模的扩大需要更好的硬件的支持，同样，硬件的新产品的创新与原先硬件产品价格的降低，促使电子商务运营成本降低；同时，大量多媒体商务信息的出现和顾客需要快速、方便的购物需求，又促使设备厂商和软件厂商的发展，信息技术的创新与新产品的推出同样需要在电子商务的实践中得到认可和推广。如果信息技术的发展与电子商务需求的发展不相符，将会使人们对新技术不感兴趣或对电商失望。由此我们可以看出，信息技术的发展和电子商务的不断扩大之间是相辅相成、共同发展、共同促进的，两者以互相发展为支撑。

移动互联技术的创新发展和电子商务经济的繁荣同样是在矛盾的运动中不断向前的。移动互联使人们在线购物摆脱了线路的束

① 信息技术的三个定律指的是摩尔定律、安迪－比尔定律和反摩尔定律，其意义如下。

摩尔定律：英特尔公司的创始人摩尔博士提出，每 18 个月，计算机等 IT 产品的性能会翻一番，或说同样性能的计算机等 IT 产品的价格会降一半。几十年来，计算机行业的发展速度基本上与摩尔定律保持一致。

安迪－比尔定律：安迪指的是原英特尔公司 CEO，比尔指的是微软的创始人比尔·盖茨，在个人计算机行业，硬件升级的速度优势被软件产品所消耗掉，而软件的升级让用户被迫升级硬件。如果软件不再升级，用户同样对硬件的升级失去兴趣。把原本耐用的计算机产品变为一种消耗品。

反摩尔定律：IT 公司如果今天和 18 个月前一样销售同样多的、同款产品，其营业额就要下降一半。

参见吴军的《浪潮之巅》一书（人民邮电出版社出版）。

缚，使电子商务交易量激增，同样，电子商务的扩大也在激励着移动互联技术的不断创新，使新产品不断涌现。大数据技术和数据挖掘技术、云计算技术等新技术同样都是电子商务实践的场所，同样都是在矛盾中运动发展的。

二、物流、供应链的创新与实践

物流、供应链在电子商务的发展中起到了关键的作用，可以说，它们不仅是电子商务发展的配套设施，而且已经成为电子商务运营整体的一部分，与电子商务的关系就是部分与整体的关系。我国物流业发展较晚，主要发展期就是在电子商务蓬勃发展这十几年的时间里，可以说，各项的技术和设施都不够完善。物流的发展在一定程度上落后于电子商务其他方面的发展，当看到 2011 年、2012 年每年双十一之后，因为物流的原因而使大量的货物积压，不管是对消费者还是对商家来说，都是一种损失，而物流的问题也影响了消费者的购物体验和对电子商务的评价。随着电子商务经营领域的拓宽，对物流业的要求也越来越高，冷链物流、药品物流、危险品物流等特殊的物流服务的需求层出不穷，而物流业的落后严重影响了电子商务的拓展。在以消费者为中心的电子商务的发展中，物流因其质量的问题阻碍了电子商务的进一步发展。作为整体的电子商务在一定程度上倒逼物流业的发展，新的物流技术因电子商务的需求而不断的应用于物流供应链体系之中，条码技术、射频技术、自动化技术、信息技术、机器人技术等在电子商务的“逼迫”下不断的升级改造，以适应电子商务的整体完善。在电子商务业界流传着“得物流者得天下”的说法，可见电子商务业内人士对于物流的重视，物流已经成为电商之间核心竞争力的体现。高效、安全的将物品送到消费者手里是每一个电子商务从业者所追求的目标。物流、供应链在电子商务发展的洪流下，也在不断地适应发展的需求，不断地完善。在发展中由原先单纯的、机械的“推动式”，发展到以顾客需求进行生产、减少生产的盲目性，提高资源的利用“拉动式”，再根据实践的需求发展为“推－拉式”供应链[①]，这些转变都是在实践中不断提高和认识，在实践中完善的结果。通过新技术和新理念，物流供应链的发展逐步得以完善。

三、金融的创新与实践

电子商务促进了信息流、物流和资金流的有序流动，同时也在以较高的效率加速它们的流通与发展。电子商务不仅促进了信息技术和物流供应链的创新与实践，同时，也在促进金融的创新与实践。首先，促进了电子支付的发展和互联网金融的诞生，在强大的信息技术的支持下，同时也在广大消费者的消费理念升级的模式下，互联网金融创造出了多样化的金融服务。在电子商务的发展下，安全、便捷的互联网金融呼之欲出，并且不断地提升金融服务的效率和服务的质量，使金融服务可以回归至正常的实体经济领域。其次，互联网金融不仅是互联网技术在金融领域的应用，更多的是一种服务思维模式的改变和新的商业模式的应用。互联网金融未来能否健康地发展，将会取决于对风险的控制和资金使用成本的降低。

电子商务的发展促成了金融行业的创新与发展，而且随着国家对金融产业和民间资本的逐渐放开，许多大型的电商企业将会加入金融服务的领域，提升了金融行业整体的竞争态势。而原先国有商

① 张秀萍. 供应链管理哲学思辨与实践［M］. 北京：经济管理出版社，2014.

业银行或者股份制银行所关注的大型企业的资金往来，也就是将80% 的资金服务于 20% 的企业，将会被电商银行所提供的普惠制金融冲击，它们将以更多的资金应用于中小企业中，对中小企业的发展和商业经济的繁荣将会是一种有力的促进。但是，互联网金融和电商银行的发展必须是有序的，金融的创新与实践对金融监管机构提出了更高的要求，要在明确的监管原则和总体目标下，切实保护好消费者的权益和信息的安全。电子商务的金融创新与实践促进了金融行业的竞争，同时，对传统的金融行业的服务来说也是一种补充，通过价值的创新以一种新的方法思考和进行战略的实施，从而开创了蓝海[①]。电子商务与金融的创新实践是一种互相促进、互相影响的作用，金融的创新实践为电子商务提供了便捷、安全的金融服务，电子商务又为金融的创新与实践提供了应用的平台，也改变人们对传统金融服务的反思，为我国金融参与全球金融市场的竞争做了很好的铺垫。而方便、快捷的互联网金融正在应用于各个领域，特别是在中小企业、零售行业的应用，受到了广大消费者的喜爱，逐渐改变了人们的价值观念。

四、技术的“双刃剑”作用

电子商务的快速发展促进了信息技术、物流供应链、金融服务的创新与实践，提高了电子商务服务的水平，扩大了电子商务应用的领域，但是，应用技术在电子商务领域的发展主要取决于人对技术应用的价值评价。技术的应用既会出现正的价值。也会出现负的价值，技术是人类生存发展的工具，主要目的是满足人的需求。而

① W. 钱·金，莫博涅. 蓝海战略：超越产业竞争，开创全新市场［M］. 北京：商务印书馆，2005.

提升技术的直接目的是追求利益的最大化，利益有可能是正当的利益，也有可能是不正当的利益[①]。可以肯定的是，技术的应用具有两面性，电子商务在运用技术的环节及其产生的后果也具有两面性的特点，既有积极的效果，也有消极的方面。人的活动可以分为动机、行动和效果三个环节。人的行动受动机所支配，动机是行动的因，行动是动机的果，同样，行动的效果是行动之后的结果，动机和行动是效果的因，效果是动机和行动的果。动机的因和行动的因存在着差异性，动机是人的主观的愿望，行动是人的主观的愿望转化为客观的行动。行动是复杂的，往往超出主观的愿望，而效果是行动的结果，行动不同，所形成的效果也有所不同，而相同的行动对于不同的价值主体所产生的效果也有所不同。在电子商务的运营中，人们的动机会造成商务往来的行为，并对主体产生影响。例如，电子商务本身是以较低的价格和方便的购物渠道来吸引消费者，因消费者的行为有所不同，也会造成过度的购物和浪费的现象。社交网站本身设计的目的是方便人们的沟通，可是，过度的使用社交网站或社交软件，会使人沉迷于虚拟的世界中，反而让人们真正的沟通能力有所降低。金融的创新与实践本意是为方便资本的流通，却往往被有不良企图之人利用，进行互联网金融诈骗。在电子商务的运用中，技术的“双刃剑”作用还是非常明显的。恩格斯在《自然辩证法》里曾经说过：“每一次胜利，在第一线都确实取得了我们预期的结果，但是在第二线和第三线却有了完全不同的、出乎意料的影响，他常常把第一个结果重新消除。[②]”技术的创新者

① 林德宏. 科技哲学十五讲［M］. 北京：北京大学出版社，2004.

② 中共中央马克思恩格斯列宁斯大林著作编译局. 马克思恩格斯选集［M］. 北京：人民出版社，2012.

能够准确地预测到技术应用的单方面的效果，可是，很难预测到多方面的效果。技术可以满足不同主体的需求，但不同主体的需求也会产生不同的效果。技术的创新与发展证明了人类的进步，但我们也必须尽可能地消除技术带来的不良影响，对技术应用的对象、规模、方法等加以限制和监督，使技术的创新真正可以发挥其积极的效用。

创新成为人们的价值观念，使人们富有激情地进行创造性的工作，特别是电子商务引领的创新使广大的利益相关者获得了利益，但不是所有的创新都可以为人们带来好处。主体在对待创新的问题上既要具有前瞻性，也要经营反思，要合理地引导人们的创新激情，构筑合理的价值体系。

第三节　创新思维与价值选择

电子商务创新是人们价值观念发生变化的显现，在主体的实践活动中，人们逐渐构建了以创新为导向的价值观念，通过商务活动的实践，人们感到了电子商务的便捷性和开放性，为人们的生活和生产实践提供了帮助。同样，科学地认识电子商务与传统商务之间的关系，有效地促进两者的共同发展是未来商务活动的重点，也是未来商务主体的价值体现。电子商务的发展也促进了人们对“互联网 +”思维、大数据思维、全球化思维的认识，提升了人们及其社会对电子商务价值观念的认知，而这种价值观念的提升正是人们在实践中对创新的认识，使创新成为人们的一种信念、信仰和理想。创新思维的变化和价值观念的提升为电子商务的不断发展和创新带来了价值创造与实现奠定了基础。

一、电子商务与传统商务的矛盾性与统一性

电子商务的发展和传统商务的逐渐萎缩引发了人们的思考，电子商务为什么可以在全球经济不景气的情况下逆势发展，而传统商务的未来又在哪里？我们发现，电子商务之所以发展得如此迅速，主要的原因是电子商务改变了人们消费的思维模式，而电子商务也是在实践中不断地完善自身，以其便捷和价廉的优势逐渐吸引了消费者。当然，电子商务与传统商务相比既有优势，也有劣势，人们对电子商务的认可可以说是思维与存在辩证发展的结果，是一种实践论反思的结果。以实践观点为思维的方式去揭示思维与存在、人与世界之间的矛盾关系，从而达到对思维与存在、人与世界之间的否定性统一的辩证理解[①]。电子商务在初始阶段并不是很快就得到人们的普遍认可，人们也是在观察、摸索和实践中慢慢接受了认电子商务为主的互联网商品。创造性行为从思维突然被转变的角度来看是一种方向的改变，往往起始阶段并不完善，带有各样的缺点[②]。但是，不应苛责其缺点，电子商务就是在其不断实践中完善自身，并且得到快速发展。而人类永远都是在认识世界和改造世界的过程中生存、发展、变革和创新的[③]。电子商务在人们的认识的基础上发生了一定思维的转变，人们也是在实践中逐渐认可电子商务的经营模式，并积极参与其中。

电子商务的成功并不代表传统商务的落寞，电子商务与传统商

① 孙正聿. 马克思主义辩证法研究［M］. 北京：北京师范大学出版社，2012.

② 刘大椿. 科学哲学［M］. 北京：人民出版社，2000.

③ 欧阳康. 马克思主义认识论研究［M］. 北京：北京师范大学出版社，2012.

务本身不是零和博弈的模式，而是一种补充，可以做到相互促进、相互影响，在矛盾中辩证发展。任正非曾冷静地指出，互联网并没有改变事物的本质，“汽车必须是汽车，金融必须是金融，豆腐必须是豆腐”[①]。物质是物质，文化是文化，电子商务只是改变了其经营模式或者其传播模式，让人们以一种电子商务的思维模式来经营商务或传播文化，并且电子商务的应用范围也越来越广泛，对传统商务的经营是一种补充，从消费者购物的体验上来看，电子商务并不能取代传统商务的经营模式。同时，传统商务也应顺应时代的潮流，借鉴电子商务经营的优势，转变原先机械、呆板的营销模式，向着适应消费者的消费模式转变，进行升级改造，迎接电子商务的发展。从近两年来看，单独的电子商务和单独的传统商务并不能满足消费者的需求，实体商店为消费者提供消费体验，网上的购物为消费者提供便捷的支付方式和物流渠道，线上线下模式（O2O）的发展，证明了电子商务和传统商务可以很好地融合，可以相互发展、相互借鉴。未来可能不再存在电子商务与传统商务之争，两者将可能做到在矛盾中统一地发。电子商务是在人们不断的实践中完善自身的经营模式；而传统商务也面临着变革带来的冲击，也需要在实践中完善。传统和创新具有互补性，人们的消费模式和思维转变是在实践中不断更新的。可以这样说，实践和创新是电子商务和传统商务共同发展的主题。

二、“互联网 +”思维的建构

电子商务的诞生首先依托于互联网的存在，可以说，互联网是电子商务存在的先决条件。随着电子商务的快速发展和涉及领域的

① 郎咸平. 郎咸平说：新经济颠覆了什么［M］. 北京：东方出版社，2016.

不断扩展，“互联网 +”的概念应运而生。“互联网 +”指以互联网为主要的技术手段，包括云计算、大数据技术、移动互联技术等信息技术，在日常经济活动和社会活动中扩散和应用的过程。“互联网 +”需要人们的思维习惯发生一定的转变，适应互联网带来的新的生活体验。首先，“互联网 +”是以创新为驱动，提高我国的工业和服务业的整体质量，寻找创新的规律并应用创新的结果，推进企业的转型升级，促进高新技术的发展。其次，“互联网 +”要求人们有一个联通世界的思维，用普遍联系的思维形式，促进互联网与其他产业的结合，形成跨界组合的优势。这本身就是一种思维模式的转变，是一种变革的实践。再次，“互联网 +”思维要求人们有以人为本的思想，尊重个人的创造和想象力的发挥。互联网相对的平等性促进了个人的创新能力的发挥。互联网给予了个人展示的平台，在互联网的世界里人人平等[①]。最后，“互联网 +”思维要与民生相结合，通过互联网联通的特性，促进地区公共事业的平等发展，促进医疗、教育、公益事业获得新的价值，促进“互联网 +”金融的普惠金融服务等，提高为民生服务的本领。

“互联网 +”思维是人的一种思维习惯，是人们通过信息技术提升生活本质，提升各行业转型升级的一种方法，提高企业与社会的运营效率，为人的全面发展寻求良好的平台，为社会的平等提供帮助。“互联网 +”思维更是一种创新思维体系，通过对互联网的创新，提升全民族的创新能力。

三、大数据思维的建构

电子商务的发展，特别是近年来移动电子商务的发展，使商务

① 马化腾，等. 互联网 +：国家战略行动路线图［M］. 北京：中信出版社，2015.

数据量大幅提高。数据增长的模式表现出三个明显的特征：首先是数据量的快速积累，其次是数据增长的速度在加快，再次是数据的来源呈现多样性，新数据和新数据来源在逐渐扩张。大数据已经成为电子商务企业研发和营销的主要手段，其所形成的相关数据联系正在改变着原先以小样本数据为主的因果分析的模式。现如今，电商企业的发展离不开大数据的思维模式，这是一种意识，数据处理得当就能为千百万人解决很多难题。大数据的分析与应用主要还体现在其预测的功能上，大数据能够较准确地分析人们所关注的焦点和所希望得到的结果，可以为商家提供提前预判的时间和生产产品的准备。拥有大数据思维的人可以说是一个具备创新精神的人。大数据也改变了人们的思维方式，改变了电子商务的常态。可以预见，电子商务的下一步竞争将在大数据领域展开，通过大数据的多维性的特点，将数据与世界联系在一起，将看似不可能的、不确定的事件联系在一起，发挥整体的效用。现有的产业加上大数据将会产生新的产业，大数据的发展将会逐步影响到未来的教育、医疗、制造业、农业等方方面面。电商企业是最早拥有和使用大数据的产业，未来的竞争中还将有更加激烈的数据竞争，大数据思维将会决定产业的未来走向。可以说，大数据已经成为下一个全世界竞争、创新、提高生产率的前沿。

四、全球化思维的建构

电子商务的经营与发展不只局限于一个地区或国家，需要在全世界的市场上进行经营活动，进行物质的交换与文化的交往。全球化的思维模式是电子商务经营必备的思维方式之一。首先，全球化的思维要求人有整体的思维观念，原先在一个区域进行经营的思维模式需要进行升级，要从局部的思维迈向整体性的思维，用整体的思维模式思考经营的战略，决定行动的计划。其次，要有包容文化多样性的思维。世界因为文化的多样性而丰富多彩，在全球进行商务往来的电子商务企业更要懂得尊重和包容文化的多样性，尊重各民族的风俗习惯，同时，还要发挥本民族的文化特征，在商务交往和文化交往中继承和传扬民族文化。再次，要有开放的思维。全球化本身就需要开放性地进行平等的交流，各国的贸易保护政策对于全球化来讲是逆潮流而动，在全球化的过程中，电子商务企业更要保持一种开放的思维模式，平等、合理地参与全球的竞争。此外，还要有复杂化的思维。全球化是将世界进行互联，世界各地的文化和环境的不同造成了人们思维的差异，全球性的思维差异绝非区域性思维差异所能比拟的，进行全球交往的电子商务，要用复杂化的思维模式进行经营和商务往来，要以学习的心态来面对复杂多变的环境。全球化是人类发展的一个进程，表达了人类沟通和往来的愿望，电子商务要应用全球化的思维模式走出国门，打造具有国际影响力的商务产业。

全球化思维观念是以世界的眼光、与时俱进的思维参与实践的方法，是一种价值观念和软实力的综合体现。它不仅局限于商务之间的往来，更需要人们用包容的心态、开放的观念、文化自信的理念来看待世界文化的多元性。

第四节　物质经济与知识经济的变革发展

在电子商务经济的冲击下，物质经济和知识经济都发生了根本的变革。首先，电子商务展示了信息技术的特性，人们更加重视创新的驱动作用。其次，电子商务发展也使知识经济得到了快速的发展，体力劳动和智力劳动发生了相应的变化，并显示出辩证统一性。再次，电子商务使人们实现了从物质时空到精神时空的转变，实现了从物质自由到精神自由的发展，同时也是人们价值观念中物质价值与精神价值的体现。这种变革与发展是人们价值观念变化的作用，是全方位的、多层次的，是可以影响到社会的决策与发展进程的。

一、高新技术的特性

电子商务促进了知识经济和高新技术的发展，知识经济和高新技术也在市场的引导下和创新中确立了自身的地位，并在社会发展中得到了充分的体现。以信息技术为首的高新技术在电子商务经济下显示了高度的创新性、竞争性、风险性和突出的效益性等特点。首先，高度的创新性。创新活动拓宽了人类活动的领域，电子商务领域的创新活动包括创新产品、创新模式、创新手段等根本性的创新改变，拓宽了人们在虚拟世界的活动和思维模式的转变，极大地丰富了人们的生活，提高了网络的便捷性和可使用性。而且，创新的周期也越来越短，创新的活动也逐渐丰富，参与的人数在不断地增多，为全社会的创新营造了积极的氛围。而高科技的创新和发展又使之成为国家、民族、地区、企业的战略制高点，决定了未来的走向，成了社会进步的动力之源。其次，高度的竞争性和风险性。电子商务从不被人认知，发展到全民电商时代仅用了短短十几年的时间，在电商领域已经展现了高度的竞争性，只有在新的领域不断地拓展，才有可能吸引到更多的顾客，只有在高科技领域领先发展，才能占领电商经济的制高点。而高新技术的竞争领域不仅是企业间的竞争，而且已经成为国家间的竞争。除了竞争性强，风险对于电商企业来说也是非常高的。在创新性投入过程中，高投资是非常重要的，创新的进度和被市场接纳的程度直接导致了高风险性。最后是突出的效益性。高投资意味着高回报，在高新技术的创新和研发过程中，较高的资金、资源和智力的投入可能带来新的市场机会，领先的市场机会会为企业带来可观的效益，并且能够大幅提高生产效率，给周边的产品带来强大的辐射性。通过一个项目的创新发展带动整个行业的发展。

高新技术的发展可以逐步改善人们的生活方式、管理方式、交流方式、教育方式、思维方式等方面，对人们的人生观念、价值观念、文化观念、哲学观念产生深刻的影响①。影响到人类生活的各个领域，有极高的经济价值和社会价值。高新技术的特性促进了人们对知识经济的认识，同时促进了知识经济的发展，改变了人们的价值观念。

二、体力劳动与智力劳动的辩证统一性

电子商务促进了信息技术的发展，同样，信息技术的发展也促进了电子商务的发展，两者相互影响、相互促进。电子商务和信息技术的发展同样带来了丰富的信息资源，信息资源是一种经济资源，是一种生产性资源，而信息资源的主要表现形式是知识资源。知识资源与物质资源相比具有许多鲜明的特点。首先，知识资源高速增长，其增长速度远远超过了生物性资源的生长速度，并且直接影响到人们的生产和生活。其次，知识资源具有共享性的特点。知

① 林德宏. 科技哲学十五讲［M］. 北京：北京大学出版社，2004.

识资源的大小不仅取决于知识量的大小，其共享性和传播性主要取决于运用新知识的人。知识可以大量复制，而且在一定程度上超越了时空的界限。物质资源在使用中会不断地消耗，而知识资源在不断地累积增加。信息技术的本质是把人的智力提高到崭新的高度，使人类的劳动日渐智能化、信息化，超越体力劳动的束缚，进行创造性的智力劳动。

电子商务为主的知识经济，主要是让人们能够摆脱繁重的体力劳动，可以进行创造性的智力劳动，为社会提供更多的知识资源。当然，在生产和运输环节也离不开必要的体力劳动，而电子商务经济促进了生产的信息化和运输的智能化，使大量的体力劳动可以用机器代替，让人们节省出大量的体力。电子商务经济并不是否定体力劳动，而是能够充分利用人本身的体力，进行更有价值的工作，使人能够全面地发展。体力劳动和智力劳动本身是不可分割的，是相互制约和促进的。体力支出是脑力支出的物质基础，而脑力支出是体力支出的引领条件[①]。同时，我们认为体力和脑力是可以相互转换的，充沛的体力可以促进大脑的活跃，有利于创造性生产，而灵活的思维、坚强的意志、饱满的热情同样可以转化为人的动力，指引体力的合理支配。

在知识经济下，人的体力劳动越来越少，更多的是智力劳动的体现。但是，我们仍要积极地看待体力劳动与智力劳动的辩证统一性，用积极的心态面对体力劳动与智力劳动，尊重体力劳动者，通过创新解放体力劳动者的部分体力劳动，提高劳动生产效率，提高人的生活质量。当然，智力劳动者也应积极参与到体力劳动中来，在实践中寻找流程和工艺的改进，通过体力劳动锻炼和活跃自己的

① 刘敬鲁. 经济哲学［M］. 北京：中国人民大学出版社，2008.

思维。

三、从物质到精神的时空转变与自由发展

在知识经济中诞生了电子商务，电子商务同时也促进了知识经济的发展。知识经济不仅是人类经济发展中的一次重要的变革，而且也是人类社会发展和人的思维模式的一次重大的变革。知识经济主要是人的智力水平在经济活动中的体现，在电子商务发展过程中，人的智力劳动及其创造性的活动，从根本上改变了人的活动空间。电子商务以其商品展示的丰富性和价格相对的低廉性，促进了物质在其空间内的快速转换，而且又因其网络空间的虚拟性，同时也促进了精神空间的发展，在交流、教育、文化、娱乐等方面都展示了精神空间的强大的一面。并且，在精神空间的发展趋势中显示了其替代物质空间发展为主导地位的趋势。在电子商务的范畴中，精神空间的发展更加明显，主要因为突破了时空的限制和在线服务水平的提高，人们现在已经习惯了互联网提供的简单、便捷的服务模式，并且接受通过电子商务的形式进行互通互联式的教育、医疗、金融等服务，特别是喜欢互联网提供的交流沟通的方式、娱乐休闲的服务和资源的共享。可以说，电子商务正在改变人们日常的精神生活，使其更加丰富多彩，实现了从物质空间到精神空间的转换。

电子商务经营的物质世界里有着丰富的物品。在全球化的今天，电子商务可以说极大地丰富了人们的物质世界，通过互联网进行物质消费已经逐渐成了人们消费的重要模式，为人们在物质世界的自由提供了极大地便利性。另外，由于电子商务带来的资源的共享性，极大地提高了物质的使用效率，人们逐渐接受了电子商务带

来的物质自由。同时，电子商务也极大地丰富了人们的精神世界，在满足人们的物质生活后，精神世界也得以自由的发展，在精神世界中发挥人的主观能动性，能够充分展示人们的智力和才华，并且极大地促进人们的创新精神和创造力的发挥。可以说，知识经济下的电子商务能够有效地促进人们从物质世界自由到精神世界自由的飞跃式发展，而且将人类从体力劳动方式为主导的经营形式转变为以智力劳动为主导的经营模式，是人类的一次重要的进步，是思想的一次重要的解放。

创新思维与实践构建了电子商务发展的动力，带动了社会的发展与变化，同时，对于个人与社会的价值观念都产生了深刻的影响。科学与技术的创新为人的解放和全面发展提供了智力支持，同时也奠定了全面发展的物质基础[①]。在电子商务带动的创新环境下，人们逐渐丰富了知识、开发了智力，培养了创新的思维，提高了创新的实践能力，为人们由物质时空到精神时空，由物质自由到精神自由提供了支持。同样，人们价值观念的建构与提升过程为管理价值行为的实践提供了标准。

电子商务组织的价值行为的实践是人们价值观念转变的直接体现。可以说，价值观念的转变影响着价值行为的实践，而管理价值行为在实践中还在不断地促进人们价值观念的深化变革。随着电子商务对人们创新思维与创新实践更加深入的影响，人们的价值观念还在不断地更新，而电子商务管理的价值行为也会随之不断地调整与适应其变化。

① 刘红玉，彭福扬. 马克思的创新价值向度论［J］. 哲学研究，2012（5）.

| 第三章 |

电子商务组织战略与管理的价值行为

电子商务及其发展不仅改变了人们消费的思维模式和价值观念，也给电子商务组织本身带来了巨大的挑战。从管理哲学的视阈来看，首先，电子商务面临的挑战是如何认知组织的作用，比如组织结构的多元性和统一性、战略行为的实施、文化的冲突与交融、竞争优势的培养，而这些管理行为都会随着竞争的环境变化，而呈现出复杂性和多元性。其次，在组织与人的关系上，如何认知组织与个人之间的矛盾，实现个人的价值观与组织的价值观的统一，实现组织与个人的全面发展。这些问题都是管理价值行为的表现，管理价值行为是管理的主体和客体以价值观念作为思想指导，来进行具体的管理工作或者管理实践的行为[①]。价值行为是实现管理价值的具体实践活动，是实现管理价值的必要步骤，是价值观念在实际管理活动中的体现，是影响组织发展的重要因素。

第一节 组织与战略决策的价值行为

电子商务的组织结构在复杂的竞争环境中呈现出多样性与统一性的特点，并且随着动态环境的变化在不断地完善与调整。组织战略的制订与实施同样是管理价值行为的表现，也需要在动态的环境中不断变化，其中，在战略决策制定也实施的过程中，理性地认知战略环境和整体性战略思维的培养是至关重要的，是战略发展与变革的关键。组织文化是组织的灵魂与核心，合理地构建组织文化，并尊重文化的多元性，合理地利用文化间的冲突，最终实现文化的

① 杨伍栓. 管理哲学新论［M］. 北京：北京大学出版社，2011.

交融是组织取得成功的重要因素。培养组织的核心竞争力也是重要的一环，要发挥组织的竞争优势，进行有效的系统学习和反思性学习。这些在实践中的具体活动及战略构成正是其管理价值行为的重要体现，是电子商务组织发展壮大的成因。

一、组织的多样性与统一性

电子商务组织在建构过程中，根据不同的规模和经营方向，组织结构呈现出多样化的特点。任何一个电子商务的组织与整个行业相比都是一个个体，自身的内部结构也显现出复杂性、立体性和多维性的特点，因此，每一个主体与客体之间的价值关系也呈现出多维性的特点。随着组织的发展和竞争环境的变化，组织需要适时地进行变革或者进行流程的再造，在动态的环境中打造核心竞争力，寻找适合主体发展的组织结构。在现代电子商务组织中，自组织的理论得到了重视和应用，逐渐成为组织形式的一种类型。电子商务组织无论呈现如何的多样性，其优秀的组织都具备着扁平化和学习创新机制的统一性。

（一）组织结构的多样性

以信息技术为基础而构建的电子商务企业，在组织过程中面临着新的商务环境和人员结构，而造就了不同类型的组织结构。不同的组织结构在企业的经营管理中起到了不同的作用，可以说，对电商企业是至关重要的。电商组织结构是一种结构性和系统性不断演化的过程，根据组织面临的人员的规模、组织的文化、竞争环境的影响力、技术发展的趋势、消费文化的影响等多种因素构成了组织结构的多样性。组织结构大体可分为机械型组织和有机性组织，机械型组织主要以职责明确、任务分工严格为主；有机性组织十分灵活。电子商务企业是一种新型的企业模式，面临着复杂多变的商业竞争环境和瞬息万变的信息技术环境，更多的是以有机组织机构而构建的。组织结构的多样性正是电子商务企业作为个体的价值多维性的表现，是为了适应各种客体的需要而形成的价值关系。

在电子商务企业经营中，组织形式主要体现在创业家型组织、专业化组织、多元化组织、创新型组织、科层制组织等多种形式，组织根据自身的特点，选择适合自己发展的组织形式。组织形式反过来决定企业的经营发展，多样化的组织形式同样为电子商务的发展带来了多样性。

（1）创业家型组织结构。

创业家型组织源起于组织的草创阶段，大部分电子商务组织在开始阶段均是由企业家白手起家，几个人几台计算机和一个好的理念便开始了创业。在这个阶段，组织的明显特征就是不正规，劳动分工比较松散，主要以技术人员和营销人员为主。在创业家型组织中最重要的就是创业者本身，而企业的运营和战略均直接反映出企业家的价值观和世界观，企业具有高度的灵活性。在该组织结构中领导的能力是最为核心的问题，领导对企业的定位和组织的战略执行具有权威性，对电商企业的生死存亡也具有决定性。如果领导有方，组织将具备强烈的使命感，组织中的人员将会创造出大量的价值，组织也会快速发展；如果领导出现决策失误，对组织来说将是致命的打击。但其灵活性也可使组织迅速转型，发展其他业务。创业家型组织结构只适合电商企业起步阶段，随着企业的发展，企业必须做出相应的组织调整，不然，其组织结构将是企业发展最大的障碍。

（2）专业化组织结构。

专业化组织结构在电子商务领域中有两种模式。一种是在技术上专业性较强的电子商务经营领域，例如远程教育、医疗咨询、在线设计等领域；另一种是专业技术性不是很强但专注于经营某个领域，在该经营领域中具备一定的行业影响力，例如图书专卖网、婚恋服务网、母婴用品网等电子商务经营模式。第一种模式需要很强的专业技术人员支持企业的发展，为顾客提供优质的服务；第二种模式要为顾客提供优质的服务，同时需要经验丰富的领域专家为该企业进行产品分类，进行友好性界面设计，有的放矢地为顾客提供商品信息，减少顾客因搜索而产生的焦虑情绪。两种经营模式具备较为相似的组织结构特点。首先，该组织结构需要专业人士运营并进行控制，专业人士具备一定的权威性，对企业的战略决策和经营管理具有较强的影响力。其次，有大量的工作人员辅助专家工作，这些工作更多的是一种标准化和程式化的工作。专业化组织结构的主要特点就是组织紧密，分工明确，基础性工作具备标准性。集中人力、物力在一定领域中经营，可以在该经营领域具有较为明显的优势。当然，专业化组织结构也还存在一些问题，主要在于企业的发展过分依赖专业人士的专业化水平和其判断能力，特别在专业协调上容易沟通不畅，对创新有所抵触。对行业的风险控制能力较弱。

（3）多元化组织结构。

电子商务企业在快速发展的过程中不断占领市场，扩大经营范围，必然走上多元化组织结构的道路。多元化组织结构是电商企业在经营区域多样化或产品服务多样化的基础上形成的，通常以事业部作为发展的模块，各个部门为适应不同的市场而生，具有相对的独立性。在多元化组织中，资本将根据市场进行有效分配，同时为各个单独的部门提供独立经营的机会，容易培养企业人才，而且还可以有效地化解行业带来的风险，可以对企业战略做出迅速调整。总公司负责战略的制定与运营的控制，并可跨越市场的局限，集中资本对专门领域进行资本与人力支持，提高整体的影响力。但是，多元化电子商务组织容易使企业管理层级增多，增加管理成本，使内部沟通效率变低，各个部门也可能为自身利益忽略整体的发展，对各个部门的绩效考核也存在一定问题，容易造成内耗。

（4）创新型组织结构。

电子商务企业在动荡的环境、人们不断变化的消费模式、快节奏的工作和生活、信息产品不断更新的情况下，易于产生创新型组织。只有创新才能满足顾客不断增长的体验需求，特别是在社交平台的功能应用上更为明显。创新就意味着打破原有的模式，创新型组织的特性明显区别于其他组织结构，其正规性很少，组织具有很大的灵活性和敏锐的观察力，在复杂环境中利用已有的知识和技能并结合顾客的体验发展出新的知识和技能，打破原有的专业限制，通过团队的力量进行创新。创新型的团队是一个有活力的、有机的整体，具有一定的权力，通过自下而上的方式推动组织的发展。领导的工作更多的是协调和包容创新带来的失败。在创新型组织结构中，组织将会面临效率低下的问题，但创新的产品一旦被市场认可，将会给个人和企业带来巨大的效益。

（5）科层制组织结构。

传统的企业在电子商务转型过程中，原有的机械性的组织结构可能会被科层制的组织结构直接带入到电子商务部门。科层制组织结构在机械化工业时代具有强大的生命力，其集权制和大规模生产的模式被组织认可。但是，在电子商务发展过程中，科层制存在着明显的不足，过多的层级导致沟通的效率低下，组织创新的欲望降低，官僚作风严重，这些问题严重地影响了以电子商务为主的新兴商业形式的发展。但是，科层制的理性管理和标准化经营还是能给电子商务企业带来一定的借鉴意义。

（二）组织变革与流程再造

电子商务发展是在知识经济蓬勃发展的基础上应运而生的一种商务经营的模式。在知识经济时代，管理者面临着崭新的任务和复杂多变的环境，变革与创新成了组织成长甚至生存的基础。电子商务的竞争同样是知识创新和运用速度的竞争，谁掌握了新的知识或新的技能，推出新的产品与消费服务，谁就能使企业效益大增。在激烈竞争和复杂的环境中，组织要保持持久的竞争力，必须要有开放包容的心态，持续学习与创新、主动变革、快速应变的能力。组织拥有变革创新的能力比具备有利的市场地位更加重要。

变革的过程可以分为渐进式变革、业务流程重组和组织流程再造三种形式。渐进式变革是在面对新的挑战环境中，组织做出适当的调整，调整范围更多地是以提高组织的效率或降低运营成本为主，是一种缓和式的调整模式。在调整过后需要电子商务组织尽快地适应组织的调整，面对新的挑战。业务流程重组是对电子商务组织所经营的业务进行根本性的思考和业务流程的重大改进，并且针对产品的质量、服务、业绩、成本等项目进行批判性的衡量，是对组织结构的重大完善。组织流程再造是对企业颠覆性的变革，是从顾客的需求分析入手，对企业的基本模式进行根本性的思考和分析，通过流程的再造，产生更有价值的结果，使企业的业绩大幅提升。在流程再造过程中，首先，要让电子商务企业从根本上思考企业的战略、愿景以及信念，包括企业的组织结构、领导层、生产经营范围、信息化手段等事关电子商务组织运营的所有方面。其次，明确流程再造不是简单地完善和修补，是一种颠覆性的变革，使组织可以有质的飞跃，打破原有的经营思维，是跨越业务流程和管理方式的一种根本性的变革方法。

电子商务企业在可持续发展过程中，组织结构应当保持一定的稳定性，过于动荡的变化不利于企业的经营与人才的培养。但是，面对多变的环境，企业又要随时做出调整，组织的变革和稳定的选择是一种辩证关系，各有利弊，如何变革也是取决于企业发展的阶段。当外界环境变化不大时，组织应当审慎地面对变革的要求，可以做出适当的调整，这样不仅可以使企业免于动荡不安，也可以通过一些改变让企业焕发出活力。当产业结构出现较为激烈的竞争或技术带来效率的变革时，电商企业应当及时对业务流程进行重组，对人员进行培训，鼓励创新，这样企业才能保持持久的竞争力。组织流程再造是企业面对巨大的环境变化，例如传统企业的现代化电商道路需要有壮士断腕的决心与毅力，打破原有的利益格局，焕发组织的新生。在流程再造中，组织是一个系统的整体，每一个部分都将影响组织的正常运转，在管理者和员工没有足够的准备时，企业的价值观、战略都与新组织的需要不匹配时，操之过急地进行流程再造，将会给企业带来致命的打击。

组织的变革为企业带来活力，带来希望，恰当地选择变革的方式，有助于企业的发展和创新活动的开展。但是，不恰当的变革，过急或过缓的变革，都会对企业的发展不利，系统地思考，整体性地把握尤为关键。

（三）自组织在电子商务应用的体现

组织是企业发展的基础，组织结构的适应性直接影响企业的运营、业绩和发展力。在组织的发展过程中，自组织的概念经常被提起。自组织的概念源于物理学，从组织复杂的进化的角度来看，可以分为被组织和自组织。自组织是基于自愿的原则或者由其他不可分离的关系进行联结，集合一群人在一起的组织类型。电子商务企业和一些高新技术产业在创业阶段及其以后发展的模式上都是以自组织形式存在的。自组织的主要特点的首先是一群基于信任关系自愿结合的集体；其次是这个集体有共同行动的需要；再次是集体的管理是群体自定规则而进行的自我管理。自组织与被组织是一种辩证的关系，在组织结构中都具有十分重要的地位。自组织是组织自我形成的，被组织是一种被动形成的，由外部力量组织起来的。在组织目的上，自组织与被组织也存在着不一致性。自组织的主体的价值取向和目的具有明确性，被组织的主体的价值取向和目的具有多样性，自组织和被组织是互相补充的关系。

电商企业作为知识经济时代的商业代表，从自身的角度来看，是非常重视自组织形式的应用的。在创业阶段，具有共同理想和价值观的合作者以自组织的形式自愿结合，制定规章制度，是一种自觉化而非自动化的过程。在组织发展壮大的过程中，让员工进行参与式管理，在不同程度上参与组织的决策和管理，建构共同的价值观，给基层员工平等的研究讨论权。并且，通过激励措施、授权方式、资金支持等形式构建项目团队，鼓励团队员工创新发展。在自组织里，员工成了企业的管理者、决策者，而且团队运营和创新是由市场评判，由客户进行监督的。员工成了电商企业发展的分享者与合作者，而不仅是企业的工作者。而在自组织中，组织的主体将更加重视相互的作用，发展的力量与源泉来自内部的整合，员工的个人发展也将得到有效体现。

在自组织中学习的重要性尤为突出，无论是个人，还是集体，只有持久地学习才能真正体现自组织的优越性，才能进行有效的创新，因此，组织要营造出学习和集体创新的氛围。自组织的管理就是要发挥被管理者的积极性、主动性和不断学习和创新的能力，通过被管理者的自身作用，使组织的管理处于最佳状态，最终达到管理的要求，完成组织的目标。采取自组织形式的电商企业具备了一定的先行优势，使企业在初创时期具有较强的爆发力，并且为持续发展提供动力。电商企业在创业阶段以最快的速度被市场所接纳，是企业生存的必要条件，自组织可以使企业在开创阶段有效地完成超越，并具有持久的竞争能力。

（四）组织的统一性

电子商务组织结构的多样性展现在电商企业不同的经营战略和市场定位上，成为电商企业发展的基石，是电商企业生存的根本。在不同的时期，不同的规模，不同的经营模式下，组织结构发挥着不同的效力。创业家型的组织体现了领导者监管的力量，专业化组织体现了专注的力量，多元化的组织体现了收益多样化、风险分担的力量，创新型的组织体现了学习和创造的力量，科层制的组织体现了效率和执行的力量①。组织在变革中也将会根据自身的要求和面临的竞争环境做出不同的变化，既可以进行一些调整，也可进行业务上的重组。但当企业处于生死存亡之际必须面对组织流程的再造，将组织的战略、结构、业务、文化等一系列的问题进行颠覆性的变革。当组织通过进化的方式形成了自组织的模式，组织的活力

① 明茨伯格. 明茨伯格论管理［M］. 北京：机械工业出版社，2012.

也得到了空前释放，由客户进行监督、由市场来评判。电子商务组织的多样性是电子商务繁荣的一种表现。在分析电商企业的多样性时，也可通过普遍联系和发展的方法找到电商组织的规律性，也就是电商组织的统一性。任何成功的电商企业的组织结构首先是能适应环境的变化，环境变化包括外部竞争环境和内部运营以及人员环境，好的结构可以面对信息大潮的变化，以创新为原动力，以提高客户的品质为企业追求目标。其次，是组织结构要适应电商企业战略的发展，符合企业的战略愿景，以目标为导向，注重效率、效果和效益。

优秀的电子商务企业在组织结构设计过程中其统一性也是非常明显的。首先是扁平化的设计，扁平化的组织结构不仅能减少管理的层级，增大管理的幅度，提高沟通的效率，更主要的是真正地赋予员工平等精神和契约精神，组织将更多地分权和授权，体现组织的灵活性和团结性。其次，是电商企业面临的不确定性在逐渐增加，组织应有相应的学习创新机制，以包容的心态面对创新的失败，创新与学习的能力决定了电商企业发展的潜力。再次，是电商企业组织要有世界的情怀和开阔的眼界，在全球化的浪潮下，合作共赢成了共识，电商企业既然以互联网为依托而发展，更应具备世界的情怀，紧跟世界潮流，不断开拓进取，打破思想的禁锢，用开阔的眼界审视信息潮流的变化。

电子商务企业的多样性与统一性，体现了商务经营中的对立统一性，组织的结构也是在矛盾中不断地成长。时刻关注阻止组织发展的对立性事物，把握规律的变化，找出适合个体发展的模式，是电商企业所必须面对的现实性问题，这也是在复杂的价值行为中寻找统一性的过程。

二、战略决策在组织实施中的辩证关系

电子商务组织的战略决策对电子商务的发展具有举足轻重的作用，理性地认知是制定战略决策的第一步，直接影响着战略的实施和价值行为的实现，因为战略实施是价值行为实现的基础。要具备理性认知的能力，需要不断地培养整体性的战略思维能力。组织需要在不同环境和竞争压力下不断地调整战略的方向，根据战略的发展，适当地进行战略的变革。而战略决策和战略的实施又具有一定的辩证关系，要用运动的思维方式来调整和适应它们之间的关系，让主体能清晰地认知客体及客体的变化，适应客体、改造客体。

（一）理性认知在战略认知中的重要性

电子商务企业在成立之初或在管理企业过程中需要不断地思考企业的目前状况和发展前景，适时地制定企业的发展战略。企业的战略是用来保持市场地位、吸引顾客、赢得企业竞争、有效进行管理的目标和行动纲领，是企业发展的核心和灵魂。在战略制定过程中需要管理者使用理性的思维方式思考战略的步骤。理性认识是战略实施最为关键的一步，是企业实践并取得飞跃性成果的关键。在理性认知中，识别竞争环境为核心内容，其竞争环境包括宏观环境、行业竞争环境和企业内部环境。

在理性认识宏观环境中包括电商企业边界之外的相关要素和影响的因素，相关要素是电商企业的发展战略、发展方向、发展步骤、发展模式等直接或间接的影响因素。主要包括电商企业所面临的法律与政策法规因素、宏观经济因素、社会文化因素、人口因素、技术因素以及地理环境因素等。电子商务在当今社会的蓬勃发展离不开政策的支持，特别是地方政府对电商企业的支持，其中包括免税政策，注册便捷政策等，在国家提出“互联网＋”和双创政

策指引下，电商企业的发展将更为顺利。但是，电子商务法在电子商务发展中略显迟缓，特别是对知识产权的保护还有待加强。在宏观经济因素中，现阶段我国虽然面临经济下行的压力，但毕竟是世界贸易大国，巨大的贸易进出口量是电商企业活跃的主要因素。另外，我国实施“一带一路”倡议，更为电商企业的进出口贸易提供了难得的机会，但也要注意防范国际贸易中的风险，包括所在国的政治风险和经济风险。在社会文化因素中，电商企业要识别当地的消费文化和社会对电商企业所在行业的态度，识别价值观所在，有效地控制因文化差异带来的经营风险。还要理性认识社会文化的转变，特别是“绿色”消费逐渐深入人心。从人口因素中可以看到电子商务被群众所接纳，并逐渐从年轻人的消费转向了全民的消费。技术因素是电子商务企业面临的最大的挑战，信息技术飞速发展，摩尔定律在几十年后依然适用，电子商务企业是知识经济的典型代表，不得不直接面对技术的发展，做出快速的反应，而且反应应是适度的，反应过快或过慢对电商企业来说都是不利的，要对技术变革更加理性。地理环境因素包括理性识别当地的环境、气候的变化，也是电子商务企业的重要环节。物流成本可以说是电商企业成本中重要的环节，地理环境因素不仅带来不同的消费文化，更成为交通运输、物流供应链的重要参考指数。

在竞争环境中，迈克尔·波特教授所提出的“五力模型”在电商企业中依然适用。电商企业在“五力模型”中要分析现有竞争者之间的竞争，供应商的议价能力、消费者的议价能力，新进入者的威胁和替代产品或服务的威胁[①]。电商企业特别是 C2C 模式在现有的竞争中处于非常激烈的竞争环境。在电子商务平台上，因为互联

① 波特. 竞争论［M］. 北京：中信出版社，2009.

网的扩大效应，同样的产品可能有上万家在销售。此外，还要面临B2C带来的威胁，所以，C2C模式需要卖方要有自己的特色和销售技巧，还有具备诚信的品质，对于B2C的模式来说同样是适用的。潜在进入者的威胁在电子商务中特别是C2C中竞争更为明显，电子商务销售基本上是没有门槛的商业模式，退出模式也是比较简单的，进入电商经营主要在电商平台注册即可销售，但是，随着诚信评价制度的推广，电商销售的门槛将会提高，消费者会选择诚信度高的商家进行商务往来。替代者的威胁，传统电商的竞争者是实体消费店，但随着传统企业的电子商务的转型，线上线下的销售模式的推广，传统电商将会面对更大的威胁，而且很多供应商不仅进行传统销售，还进行电商销售，这也是在江浙地区和广州地区电子商务企业比较活跃的原因。随着电子商务多年的发展，价格逐渐透明化，对供应商的议价能力和顾客的议价能力都有减弱的趋势，但是，电子商务模式中物流成本和经营中的资金风险程度仍然是主要考虑的因素。

理性地认知内部环境，包括认知组织结构、人力资源、业务流程和成本控制、领导力，营销模式，组织创新能力等诸多问题。理性地把握电商企业内部的特点，特别是电商企业运用资源的能力，包括有形资源与无形资源，通过有形资源打造企业产品的特点，通过无形资源培育消费者的忠诚度。战略的制定还要进行理性的分析，分析在外部机会面前自身的优势与劣势，在外部环境威胁下自身的优势与劣势，并制定出合理的应对措施。

认识是认识论中的重要内容，电商企业的发展要用理性的认识，合理地、认真地分析宏观环境、行业环境和自身内部的环境，制定出合理的战略，并进行实践，在实践中应对环境的变化及时修正战略，循环往复，提高企业的竞争力。理性认识并具有一种批判的功能，可以对现实的事物、环境、资源使用的独特性有一种审视、审查和批判的功能。不仅通过理性认识来制定战略，还要对现有的战略保持批判的态度，通过实践把理想转变为新的现实。

（二）战略思维能力的培养

管理者对组织中的现象或问题的感知水平，决定其对问题的反应方式（Linda，1999）[①]。管理者要提高其战略管理的水平，提升对问题的感知和反应的速度，需要具有整体性的战略思维能力。电商企业领导者的战略思维能力将成为企业发展的精神源泉。在整体性思维培养框架下要保证思维的清晰性、完整性和系统性。在战略思维能力培养的过程中，首先，要注重商业直觉和理性分析之间的平衡。不可否认，战略管理是艺术与科学的结合，商业直觉对电商企业的成功是非常重要的，特别是在电子商务的初期，新的商业模式改变着传统的经营模式，外部环境有着足够充分的空间和市场，使电子商务蓬勃发展。但是，电子商务现在已经走上了相对成熟的发展道路，仅凭商业的直觉是不足以做出正确抉择和战略判断的，还需要理性的思维、管理理论、工具和方法的配合，在动态的环境下提高战略思维能力。当然，也不可忽视商业直觉带来的巨大效益，电子商务和新技术的创新很多也是来自直觉和灵感。其次，要注重前瞻性思维和实践性思维的培养，使战略可以做到前瞻和实践相融合。战略本身就是一种前瞻性的设计，为电商企业指明发展道路，要具备领先意识，要具备独特性的意识，但是，战略更是一种实践性的行动纲领，并不是空中楼阁，而是一种可以在实践中提升、修正、不断创新的指南，要做到前瞻性与实践性的均衡。再次，战略

① 刘学. 战略从思维到行动［M］. 北京：北京大学出版社，2009.

思维要做到具体与抽象的平衡和融合。把握住具体的战略实施步骤和业务发展要求，还要根据动态环境的变化给出抽象的战略远景规划，做到具体与抽象的均衡。

要想培养战略思维还要把握整体与部分之间的关系。要以系统性的思维来审视战略思维的培养。亨利·明茨伯格将战略管理学派分为十种，分别是设计学派、计划学派、定位学派、企业家学派、认知学派、学习学派、权利学派、文化学派、环境学派和结构学派[①]。每种学派根据产生的时间不同，侧重点也会不同，但各种学派都有自己的特点，战略管理，特别是战略思维是动态的、系统性的，不是只通过部分分析就可以做到的，需要具备整体性的思维辩证的分析形式。以电商企业本身所具备的资源和面临的形式作为原点，通过定位学派分析原有的历史数据，为自身定制发展计划。但要注意电子商务是近年来的事情，原有的历史数据较少，而且本身是以指数形式发展，并有放缓之势。在现有原点的基础上以计划学派、设计学派作为指引，关注企业发展的方向和战略愿景的规划，之前是企业家学派通过审时度势、超越障碍，打造企业的核心价值，并有独特的见解。从原点向下看，通过学习学派来关注电商企业内部的学习创新能力，通过权力学派解决组织内部的矛盾，理清组织中的人际关系。通过原点向上俯视文化学派，为电商企业打造企业文化，建立企业信念。通过结构学派来对战略结构进行观察，等等。战略管理是一种系统性的工程，需要培育整体性的战略思维，每个学派都有其局限性。电子商务的战略制定具备自身的独特性和多样性，需要电商企业在战略思维培养上关注静态与动态、历史与发展、个人认识和组织文化、深入局部和协调整体。做到系统

① 明茨伯格. 战略历程：穿越战略的旷野［M］. 北京：中信出版社，2012.

性与整体性的思考。

社会本身就是一个复杂的系统，是由多种因素按照一定的规律组合而成的有机的整体，是处在一种非平衡状态下不断变化的开放性的系统。电商企业具备战略思维是企业发展、企业生存的关键。而战略思维的培养要有辩证的思考与理性的分析，还要具备在复杂动态的环境下的整体思考的思维方式。

（三）战略的发展与变革

电子商务经营模式在信息化社会中应运而生，电子商务的快速发展改变了人们的消费习惯，也促进了产品的多样化，使知识型服务产品更加密集。在复杂的、快速发展的环境中如何进行可持续的创新和发展，是电商企业的经营之道。优秀的经营者可以应对复杂的环境变化，不断地发展、修正、变革组织的战略。而组织的战略也应当具备权变性和柔性。制定战略的作用，在更多的情况下是在识别外部机遇和威胁的情况下对自身能力的一种匹配。因此，在战略的制定过程中，要使组织与市场环境、人才资源、资金等因素相匹配和融合。可见，战略的制定是一项极其复杂的过程。

电子商务企业在环境的变化和战略的形成中要具备权变的观点。首先，环境变化后，电商企业还可以做什么，是否还会拥有原先的市场；其次，能力与资源是否相匹配，组织的社会责任是什么，员工的权益在哪里。可以说，对于电商企业来说，每一个组织的战略都具有独特的唯一性。另外，战略还要具备柔性，也就是灵活性的体现。当环境风险不确定的时候，战略不应过于具体，在实施过程中要注重动态的变化。每天都有大量的电商企业诞生，也有大量的电商企业消亡。组织在战略实施的过程中，应当进行战略识别，在必要的时候进行战略的转折。在战略转折过程中要明确电商企业的发展方向，对已有的资源进行再分配，开发新资源，并且自上而下地推动战略和自下而上地反馈战略实施，在动态环境中保持对立统一性。

电子商务企业基本是从小微企业开始起步的，在企业经营之初基本上是以单一经营为主，但是，随着企业的发展，战略应及时调整。这就涉及了战略的扩展，组织的战略决定了组织的发展方向。电商企业在战略扩展中基本上实行多元化战略和国际化战略。在扩展战略实施过程中，对风险的控制将会耗费管理者的主要精力。面对全球化的竞争，在技术革新的环境下，电商企业也应对自身做出评估，如何赢得竞争，如果不能持久发展，就要考虑有步骤地退出，例如，胶卷行业在数码照相机的冲击下逐渐退出市场。许多电商企业还会以战略联盟或合并的方式来共同面对竞争。但是，管理者要有清醒的头脑，分析行业的发展趋势，固守原有战略有可能会熬过“冬天”，做到行业的领头位置，而更多的企业则会退出历史的舞台。传统行业在电子商务浪潮的冲击下，有的经过调整，使企业再次焕发了生机，有的不能认识趋势的变化，倒在了市场的大潮之下。辩证地思考战略，合理地调整战略，是主体在自我认识和认识客体过程的行为表现，是电子商务发展的基石。

三、组织中的文化交融与跨文化管理

电子商务组织在建构自身组织文化过程中要识别组织文化的积极方面和消极方面，积极利用其优点，为组织和个人的发展树立正确的价值观。当然，由于主体的社群不同，所处自然环境不同，实践经验的不同，组织的文化还会呈现出多样性的特点，在进行跨文化管理过程中要识别文化的差异，尊重文化的多元性。当组织之间遇到了文化的差异和文化冲突时，也要识别其冲突的类型，合理利用矛盾的规律，最终达到文化的交融，有效地实行跨文化管理价值行为的实践。

（一）组织文化的建构及其作用的辩证分析

组织是人们按照一定的形式和目的集合而建构的社会体。每一个组织所处的环境不同、历史使命不同，就会产生自己独特的行为方式和意识形态、价值取向，最终构成自己的哲学信仰。于是，每个组织都会形成自己的文化，从而影响自身的行为。在管理学界，许多管理学大师对组织文化的概念进行了总结，综合他们的观点，比较认可的组织行为的定义是：组织文化是组织在长期的实践活动中所形成的并且为组织成员普遍认可和遵循的具有本组织特色的价值观念、团体意识、工作作风、行为规范和思维方式的总和[①]。电子商务企业在公司创建和发展的过程中，根据自己所处的行业和竞争环境，在企业员工间保持密切联系和交往过程中必会形成自己的组织文化。在大型电子商务企业，组织文化的力量比较雄厚，他们自身的文化观念主要来自企业的创始者及其创业团队，例如阿里巴巴集团的组织文化中就深深地印上了马云的烙印，同样，在京东集团就会有创始人刘强东的烙印，以至于当人们提到阿里巴巴集团就会想到马云，提到京东就会想到刘强东。可见，创始人对电商企业的组织文化的重要性。创始人将自身的经营理念、经营哲学、道德规范深刻地植入企业中，形成独特的组织文化。

组织文化的作用不仅只有积极的方面，而且还有消极的方面，是一种辩证的关系。我国电子商务企业创立的时间不长，现在主要处于组织文化的形成期。但是，我们可以看到较强的组织文化电商

① 陈春花，等. 组织行为学［M］. 北京：机械工业出版社，2009.

企业在发展中比较顺利，组织文化在其中发挥着巨大的功能。第一，组织文化具有明确的导向功能，对电商企业的发展具有明确的指导性，会让员工高效率地工作。第二，组织文化具有明显的凝聚人心的功能。电商企业在草创阶段会面临着诸多困难，特别是融资问题，很多电商企业倒在了资金链的断裂上，也有企业通过强大的、凝聚人心的组织文化而化解困难。第三，组织文化具有激励功能，可以让员工创造出更大的价值，使每个成员在内心形成强烈的使命感，并发挥持久的作用。第四，组织文化具有道德约束的功能，这方面涉及企业的伦理问题，主要是约束员工的态度和行为，约束企业的经营方式和方法。目前，我国电商企业在快速发展中存在一些经营伦理上的问题，主要还是组织文化建设上有所缺失。最后，组织文化具有辐射功能。组织文化建构成功后，不仅影响企业内部员工，还能在社会上造成一定的影响。以上是组织文化积极的方面，但是，强大的组织文化也会制约组织的一些功能，造成消极的影响。首先，组织文化过分强调的是一种集体性的行为，有时会忽略个人的创造性，也可能会压抑个人的创新或不能尊重个人的价值。其次，强大的组织文化会影响组织的变革，组织在环境的变化下需要及时适应调整，强大的组织文化过于稳定，不宜更改，从而影响组织的与时俱进。特别是传统企业在向电子商务转型的道路上不是特别顺利，一个组织长期的强势文化会带来思维的惯性。再次，组织文化过于强大和稳定会阻碍组织的合并，电商企业在发展中经常会发生企业并购行为，或深度联盟，在两个迥然不同的组织文化里，文化的冲突在所难免。正因为组织文化的建构对电商企业来说有积极和消极的方面，因此，电商企业在组织文化的建构过程中应发挥积极的影响，在一定程度内削减消极的方面。

（二）文化的多样性与跨文化管理

在电子商务快速发展的20年间，社会生产力也随之发生重大变化，特别是在全球化的影响下，电子商务促进了国际贸易的繁荣，原先只有跨国公司经营国际贸易生意，现在互联网上小微企业甚至个人都可以经营跨国贸易。这就需要电子商务企业或个人不得不面对因地域的不同而产生的不同文化间的差异。迈克尔·波特曾说文化在经济进步中起作用，这是没有疑问的，可是怎样做到在兼顾其他有影响的因素的情况下，来诠释文化的作用，而且把文化的影响单独提出来，却相当不容易[①]。文化具有实践性，是人们在劳动创造中逐渐形成的，在不同的地域，文化的差异性很大。文化又是以一定的文化模式存在的。文化模式是特定民族或时代人们普遍认同的，由内在的民族精神或时代精神、价值取向、习俗、伦理规范等构成相对稳定的行为方式[②]。这个好像不是文化吧，至少不是中国文化的代表。建议换一种说法。各区域文化带来了管理上的不同，识别文化的多样性与差异性是跨文化管理的关键。

霍夫斯坦（1980）为了表明国家文化差异列举了四个指标，分别是权利差异、个人主义和集体主义、防止不确定性、男性化和女性化[③]。首先，权利的差异。在不同的社会形态里，权利的分配是不均匀的，这有其历史原因，也有其政治制度原因，差异可分为高权利差距和低权利差距。其次，个人主义和集体主义。有些国家非常崇尚集体主义，具有较强的组织性和纪律性，在大规模生产中具备优势。有些国家比较崇尚个人主义精神，鼓励创新。再次，防止不

---

① 亨廷顿，等. 文化的重要作用：价值观如何影响人类的进步［M］. 北京：新华出版社，2010.

② 衣俊卿. 文化哲学十五讲［M］. 北京：北京大学出版社，2004.

③ 彭新武，等. 管理哲学导论［M］. 北京：中国人民大学出版社，2006.

确定性。不同的社会形态对于防止不确定性的态度是不同的，所采用的方式方法也不相同。具有很强的防止不确定性的国家或地区，一般都具有较高的工作积极性和进取心。最后，男性化和女性化。“男性化”是指进取、好胜，冒险精神强；“女性化”是指追求稳定，低调、知足。不同的社会展现了不同的特征，使用这四种维度综合分析文化的差异，在跨文化管理上才能做到有的放矢，才能人尽其才，减少文化间的冲突。

电子商务在进行海外贸易时或进行海外并购时首先要识别国家文化间的差异，尊重所在国家的主权，尊重当地人民的宗教信仰，要互相适应与协调，做到“和而不同”。其次，还要对组织的文化进行创新与变革，特别是跨国电商企业，在海外的公司要结合当地的文化和组织的文化，创新变革出属于海外公司自己独有的组织文化，这也是电商企业跨文化管理的精髓。

（三）文化冲突的矛盾性和文化交融的整合性

在大型跨国经营电子商务企业中，由于团队人员众多，不同国籍、不同地域、不同宗教信仰的人集合在一起，他们有着不同的文化背景，在相互工作和生活中难免会产生文化的冲突。文化的冲突主要集中在价值观的不同、语言语境的问题、宗教信仰与政治文化的差异等情况。另外，随着我国经济和电子商务企业的发展，许多大型电子商务企业纷纷走出国门，进行跨国并购。据统计，企业实行并购时有 30% ～ 40% 并未达到并购的目的或以失败而告终，实践证明海外并购的风险极大。电商企业在海外并购时，需要把两个具有不同气质的企业融合在一起，需要互相协调、包容，消除弥合，才能合理地调配资源，实现共赢。但是，有文化差异的组织进行融合，肯定会存在一定的矛盾。主要体现在组织文化的价值观不同，社会经济和文化背景的不同造成了组织上的文化差异；制度文化的不同，不同的组织具有不同的相关制度，并具有执行制度的差异性；经营观念不同，不同的组织的经营方式、组织战略、营销手段都存在着差异；另外，还有人才的差异性、领导风格的迥异性、组织信息化使用的差异性、组织对待创新的态度上的差异性等诸多问题。在经济全球化的背景下，企业走出去，特别是电商企业以互联网为基准，连接全球，肯定会存在文化的冲突。换句话说，文化冲突是一种客观现象。福列特（1925）认为“冲突与差异是客观存在的，既然这一点不能避免，那么，我想我们应该对其加以利用，让它为我们工作，而非对它进行批判”[①]。在冲突发生时不应该考虑冲突中谁对谁错，不用道德的标准来判断冲突，要正视文化的差异性所带来的冲突，不要惧怕或掩盖冲突。建设性的冲突用矛盾的观点来看，是事物对立统一的体现，是社会发展的标志，要合理地利用冲突带来的问题，促进组织的发展和文化的融合。在文化冲突中，既不可忽视冲突的存在，掩盖冲突，也不可以一方的强势压制另一方的存在，这两种解决方法都会为更大的冲突埋下祸根。在文化冲突中还不可以让一方过分地进行妥协，这样也不利于冲突的解决。解决冲突正确的方法是利用冲突整合文化差异性。整合的首要因素是公开冲突的内容，让双方直面问题的存在。强调文化的差异性，让冲突的双方互相学习、协调，将双方的诉求公开并分解，共同商量解决方法。利用文化的冲突，达到创新的效果，利用矛盾双方的对立统一促进组织的发展，打造独特的组织文化。

文化冲突对组织来说并非坏事，合理地利用文化冲突，还可以提高组织内部的竞争力和组织文化的创新力。另外，还要在文化冲

---

① 福列特. 福列特论管理［M］. 北京：机械工业出版社，2013.

突的矛盾体中找到文化的统一性，形成文化融合的氛围。文化融合是利用双方文化的优势，构建一种混合型的文化体制。在文化差异中找到文化的相似性，包容文化的多样性，通过实践，构筑多维的组织文化。在文化的交融过程中，领导者的作用尤为突出，需要领导者正视文化的差异，具备处理复杂事物的能力，要有世界的眼光，包容文化的差异，还要具备较强的学习力，学习历史、风俗习惯、政策法规，并具有对文化冲突的预判力。另外，国际电商企业还可以通过交叉投资和战略联盟的方式，在力求培养出具有一种共同精神的组织文化下，融合越来越多的其他文化类型，造就一种混合性文化。

四、竞争优势与价值创造

竞争优势是电子商务组织发展过程中的核心目的，只有根据不同的竞争环境和自身的条件构筑出组织独特的竞争优势，才能够使组织创造出更多的价值，才能让这些价值显现出独特性或个体性。在打造组织竞争优势的环节中，系统学习和反思性学习至关重要，通过持续地学习和反思，建构出持久的竞争优势，而这些竞争优势正是主体的价值行为在实践中的时效性和历时性的体现。学习与反思价值行为的实践使电子商务组织价值的水准不断提高，在提高价值水准的过程中，又反过来提高原先的价值行为，使主体在运动的过程中不断成长。当然，以顾客为中心的顾客价值的价值管理，同样是构建竞争优势的重要环节，是提升价值行为的有效实践。

（一）竞争优势的构建

电子商务企业在当今日趋激烈的竞争环境中生存，需要具备一定的竞争优势，所谓的竞争优势就是在特定的业务中能为顾客提供其他竞争对手所不能提供的价值，包括价格优势和顾客特殊体验等方面。电商企业在发展初期快速成长，主要是以其价格的优势打动了消费者，电商企业因为没有经营店铺的成本和极少的人员开销，可以使用低成本的战略。但是，随着经济和电子商务的发展，现阶段低成本的策略已经不能满足电子商务经营模式的成长，需要在其他领域打造符合自身的竞争优势，也就是其核心竞争力。管理学家波特（Porter）认为，企业的竞争优势有三种，即成本领先战略、差异化战略和集中化战略。从短时间来看，电子商务企业的价格优势还是存在的，只是与实体店的差距正在逐渐缩小。差异化战略可以成为电商企业发展时重点考虑的战略类型。当今人们消费都希望展现自己的个性化的一面，而差异化战略正好符合人们的消费观，电商企业可以通过网络沟通为顾客定制个性化或具有不同特质的产品，或者根据顾客的多样化需求而生产产品，将产品从单一化迈向多样化。例如，戴尔公司在生产计算机时由顾客来自主选择硬件的配置，并由厂商进行组装。集中化战略是电商企业服务于一个范围较小的利基市场，具有固定的顾客群，提供的产品与服务相对专业一些。例如，孔夫子旧书网集中海内外不同商家进行旧书的销售，为商家和顾客搭建精细化的 C2C 平台。

低成本、差异化和集中化战略是以市场为导向对企业的核心竞争力进行打造。电商企业在关注市场的同时还需要关注企业自身在资源使用中的优势，也就是企业资源基础观。资源是企业用于创造产品或服务的投入之一[①]。企业的资源可以分为有形资源和无形资源，有形资源包括资金资源、实物资源、组织资源等，无形资源是一种不可视的资源，包括声誉、人力资源、创新能力等。电子商务

① 汤普森，等. 战略管理：获取竞争优势［M］. 北京：机械工业出版社，2011.

企业在获取竞争优势时，有形资源固然重要，特别是资金流。但是，要想获得持久的竞争力，获得动态的竞争能力，需要发挥和使用好自身的无形资源。当然，合理，充分地使用资源又是一种能力，是为企业创造和运用各种资源技能的体现。例如在人才资源上，很多电商企业拥有大量的人才，却不能很好地使用人才，造成了人力资源的浪费，合理地使用人才是现代企业的核心观念。根据世界普遍联系发展的道理，打造核心竞争力需要有整体性的思维方式，充分利用各方的资源能力，并将资源进行整合。在价值链中既要突出企业个别资源的使用优势，造就产品和组织的独特性，还要体现资源的整合能力，将组织中的成员能力集中体现，更应协调好资源的分配和能力的协同。电商企业打造核心竞争力，在资源运用上是整体和部分的关系，应该协调好整体与部分的关系，突出特质化和差异化，发挥好集体的智慧与能力。竞争优势的构建是主体价值行为在实践中的关键，是体现主体独特性的行为，为主体的发展提供了空间。

（二）系统性学习与反思性学习

过去十年是电子商务以指数形式增长并产生激烈竞争的十年，在十年间电子商务组织不断地壮大，电子商务的内涵也发生了根本性的变化，不仅局限于贸易的往来，而扩展到方方面面。电子商务企业在复杂的环境中，学习与创新是其必然的选择，只有掌握知识和技术的企业才能真正做到基业长青。电子商务企业在发展壮大期间要学会发现新的市场、新的消费增长点，以学习来改变自身固有的经验范式，使学习成为电商企业的竞争优势的必由之路。

学习的过程是组织成长的过程，电商企业因由互联网而生，在互联互通的世界里，企业的核心能力容易被竞争对手模仿，要想保持持久的竞争优势，就要不断地学习创新，创新会使组织被模仿的可能性降低，使组织保持活力。组织应以系统性的思维方式学习，建构学习型电商组织。圣吉（1990）认为学习型组织应当包括五种能力，即系统思考、自我超越、心智模式、共同愿景、团队学习[①]。自我超越是一种升华，通过对自己的目标不断地修正，持续增长自己的知识。这同时是学习型组织的基石。电商企业需要鼓励员工不断学习与超越，挑战未知的可能，因为在知识经济时代最重要的还是对知识的掌握。心智模式，就是改变人们心中根深蒂固的模式，电子商务本身就改变了人们以往的模式，在互联网时代，保守、不愿创新的电子商务组织将会面临被淘汰的风险，这需要组织的领导者、研发人员、营销人员等紧跟时代的潮流，打破原有的心智模式。电子商务的发展从目前来看并没有固有的边界，未知的领域充满了机遇和挑战。共同愿景是电商企业在组织中建立共同的价值观和使命感，激发员工学习的激情，指引学习的目标，达到创造性地学习。团队学习是利用团队的力量进行集体的学习，充分发挥组织的集体智慧和个人的无限创造力，将知识从隐性知识上升到显性知识，并不断地循环前进。员工通过知识的分享和信息的积累，创造出新的创新成果。最后是系统思考，是以整体的思维方式创建学习型组织，这是五项修炼中的核心。系统思考为组织指引了发展方向，充分发挥部分的优势，创造出整体的优势，使组织在复杂的环境和内部细节中找到一种动态的平衡。在建构学习型组织中，这五项修炼具备很强的正相关性，五项修炼缺一不可，需要以整体性的思维方式来看待学习型组织的构建。学习型组织在电子商务企业

① 彼得·圣吉. 第五项修炼——学习型组织的艺术与实践［M］. 北京：中信出版社，2009.

的构建中还有一项重要的环节，就是要通过实践来提高学习型组织的学习能力，组织要鼓励员工学习新的技能和知识，建立共同的愿景，共同学习，不断地进行创新，并将创新应用到实际当中来，构建组织的系统性。

电商企业在构建学习型组织中应当以双环学习代替单环学习。双环学习是相对于单环学习而言的，单环学习是指保守式的、机械式的学习方式，发现问题、解决问题的方式，组织学习的模式；双环学习是对单环学习的修正，是对单环学习的学习，是一种反思式的学习，在实践中发现问题时并不是以单纯解决问题为导向，更多的是要发现问题更深层次的东西，对问题和解决问题的方法进行反思，力争发现内在的规律。双环学习改变了员工思考的模式，打破阻碍学习的障碍。譬如电商企业在双环学习中可以找到解决供应链的方法以及改善物流、降低成本的方式等问题，通过反思解决问题的方法还可以创造出新的方法，新的方法将会为企业带来效益。

组织进行系统性学习和反思性学习，为组织带来了不一样的收获。组织的学习创新的能力得到了加强，凝聚力得到了提高。对于员工个人来说，系统性和反思性学习改变了员工的思维方式，将原有的机械式学习方式改变为有机性学习方式，并为创新创造了条件，为个人发挥才智、实现自我提供了帮助。学习与反思是主体自我提高过程中的实践行为，只有不断地学习与反思才能让主体更好地作用于客体，让客体更好地服务于主体，让主体与客体之间的关系体现出时效性与历时性的特点，为电子商务组织不断地发展提供支持。

（三）顾客价值与价值管理

电子商务加快了产品的流通，缩短了产品的生命周期，而创意性产品总是以意想不到的速度增长，然后又快速地回落，这种以市场为导向的电商企业一直在疲于应付市场的竞争，从而忽略的顾客的需求。一个优秀的电商组织能够保持顾客的忠诚和提高顾客的价值。顾客是产品最终的使用主体，顾客对产品的评价源于对产品使用价值的体验，是一种价值的尺度。电子商务在发展初期，主要以市场为导向实施大规模的价格战，迅速让人们接受这种商业模式，价格战在电子商务发展初期有积极的意义，但是，其产品的质量和物流配送等多方面问题在快速扩张过程中难以保障顾客有良好的消费体验，受到了许多的诟病。随着传统企业进驻电子商务领域，初期以电子商务为主的企业因产品的研发能力和质量问题被消费者逐渐抛弃而快速衰落。电子商务的边界在不断地扩大，参与的行业和顾客的数量在快速地增长，再以价格战的方式来取悦顾客不足以支撑电商企业的可持续发展。产品的吸引力将由价格回归到本身的价值。电子商务领域面临着观念的转型，而以顾客为导向的营销和生产方式将会支撑组织的长期发展。以顾客为导向的经营方式首先要对顾客进行价值分析，分析顾客的主体属性和利益需求，开发符合顾客主体需求、提升顾客价值体验的产品。在组织整体设计上符合以顾客为导向的流程再造，将顾客和供应商作为整体进行分析与思考，创造出更多的价值产品。但是，以顾客为导向的价值管理并非没有前提，前提条件是不能超越企业的道德底线，并非顾客需要什么就生产什么，这是对消费者个人偏好的一种超越。在以顾客为导向的生产经营方式中，关系营销也是其重要的环节，关系营销摆脱原先被动式的营销方式，而是为顾客提供主动式的营销服务，与顾客建立一种平等、信任的关系，主动思考顾客所需，提供更加适合顾客个性化需求的产品，建立一种健康的关系模式。通过新的产品或服务，为顾客增加更多的价值产品，尽量提高顾客的满意度，维系好顾客的关系，培养顾客的忠诚度。通过信息技术而建立的客户关系管理系统，能够有效地帮助企业建立良好的关系模式，通过大数据系统分析顾客的需求，为顾客的价值创新提供帮助。客户管理系统提高了企业为客户服务的效率，提供了一种方式和手段，对于维持与客户的关系具有一定的积极意义。但是，顾客的情感维护是客户管理系统无法给予的，人性的关怀才是顾客管理的核心。

在电子商务发展初期，很多电商企业以追求快速成长，追求利润为导向，忽略了顾客的价值，产品质量以次充好，夸大产品效果。这样的做法，其结果是虽然暂时获得了利润，但永远失去了顾客，电子商务的模式也曾被怀疑。可持续发展的电商企业应以顾客为导向进行价值创造。价值创造是把可能的潜在价值变成现实的价值，这就是一种价值实现，而价值享受（消费）作为价值实现的一种表现同时也是一种价值创造[①]。顾客的价值创造也是电商企业道德伦理观的体现。企业为了顾客能够更好地进行价值创造，应当实行价值管理。价值管理是以一种系统性的管理方式树立企业的价值观，增强员工的责任感，凝聚企业的共识，设定企业的远景目标，从而获得组织的持久发展。顾客的价值管理是管理价值行为在实践中的应用，符合人们价值观念的价值行为的体现。

第二节　组织与人的价值行为

管理价值行为的体现不仅表现在组织结构与战略决策方面，组

① 马俊峰. 马克思主义价值理论研究［M］. 北京：北京师范大学出版社，2012.

织与人的关系同样是价值行为在实践中的重要体现，是个体与整体之间的关系。电子商务企业在发展过程中，人才是发展的根本，任何电商企业都需要尊重人才的开发与管理，特别是在以知识经济为主的电子商务产业中，有效的激励和自我管理、人本管理会给企业带来可观的效益。当然，企业在管理过程中还要重视领导权力的运用，需要电商组织合理地运用权力，发挥领导的特质，在组织内部实现平等。电子商务产业是十几年来新兴的产业，在组织管理中面临着许多新的问题，特别是要重视工程师文化在组织中的作用。另外，组织在管理过程中需要构建积极的组织文化，树立正确的价值观，并且还要重视个人价值观与组织价值观的对立与统一，认真处理主体间的关系，有效地实现个人与组织的全面发展。

一、人本管理与人才开发

在知识经济时代，任何一个成功的组织都非常重视人才的作用，注重人才的开发与利用。根据人才的多样性的特点，电子商务组织在团队建设过程中，应当充分发挥人才的特点，人尽其能，并且通过人本管理的行为，有效地对人才实施自我管理，并积极利用激励的作用，开发人才的潜能，调动人才的积极性。在人才的管理实践过程中，还要注重人的主体性的作用。主体性的本质就是人在自己的对象性行为中的权利与责任[①]。只有权利与责任的相对统一、相对的平等才能实施有效的人才开发与人本管理，才能构建出优秀的电子商务团队。

（一）人才的多样性和团队建设的整体性

21 世纪是人才竞争的时代，这个观点受到了社会上的普遍认

① 李德顺. 价值论：一种主体性研究［M］. 北京：中国人民大学出版社，2013.

可。电子商务作为知识经济时代的一种商业模式，对于电商人才的需求和应用也是尤为关键的。电商企业在经营上遇到的一些困难很多都是用人的问题，人力资源学派认为，企业中发生的种种问题，其根源在于未能充分发挥人才的潜力。目前，电子商务行业快速发展，从业人员急剧增多，但仍然存在大量的人员缺口，特别是高端的电商管理人才和优秀的技术人员。根据电商企业从业人员分析，员工对行业的认同大于对组织的认同，这就需要电商企业在发展中维系好自己与员工的关系，并能吸引优秀的人才加入自己的团队中，需要进行合理的人力资源管理与开发。

电商企业的员工在组织内作为群体的成员存在，而在社会上主要充当的是组织的角色，但是，人性的复杂影响了人的行为方式，人的多样性的特质也造就了不同的组织特色。电商企业需要了解并发挥员工的个体特质，打造出一个具有进取心的优质团队，实现组织与个人的双赢。根据霍兰德（Hollad）提出的工作特质与工作适应理论，可以将员工的特质分为六类。一是企业型，具有领导才能，追求权力与物质财富，有冒险精神和创新精神，享受竞争，做事有较强的目的性。这种人在电商组织中适合做领导者、部门经理和产品的营销人员。二是常规性，特点是尊重企业的规章制度，按照计划办事，有条理、细心，不喜竞争和冒险，缺少创造性，有自我牺牲的精神。这种特质的员工更适合作为秘书和行政人员，辅助管理者工作。三是社会性，特点是喜欢与人交往，善言谈，有公益心，有广泛的人际关系，喜欢结交各种类型的朋友。这种特质的员工适合做电商企业员工的培训师或产品培训师，也可以从事公关工作，进行危机处理、新闻发言人等。四是现实型，特点是动手能力强，善于使用工具性从事工作，不善言辞，社交能力较弱，喜欢独立性工作。这类员工多数是电商组织中的工程师，负责编程和设备维护等工作。五是调研型，抽象能力极强，求知欲望强，善于思考，不善于动手，喜欢创造性地进行工作，逻辑性强、知识渊博。这类人员应该负责电商组织中的战略规划、前沿开发、市场调研等工作或作为企业的顾问。六是艺术型，特点是具有创造力，追求与众不同，追求自身价值，追求完美，渴望自我的表达，有艺术才能。这类人员可从事产品的艺术设计或网站的美工设计，为顾客在购物的同时带来美的感受[①]。当然，每个人的特质是不同的，具有多样性的特点，但每个人的特质又不局限于这六种类型中的一类，有的员工可能具备多种特质，这就需要组织量才而用，在合适的位置找到合适的人，适合的就是最好的，企业也要善于发挥员工的潜力，鼓励员工做复杂性的工作。

电商市场的竞争愈发激烈，组织所面临环境的不确定性也在大大增加，组织内的许多工作具备复杂性和不确定性，以个人的能力是很难独自完成的，这就需要构建团队，以团队的力量共同完成组织的任务。个人不仅具备上述所说的六类特质，同时还具有体质差异、心理差异等多样性。团队是由超过两人以上而组成的，成员具有不同的技能和特点，共同承担组织所赋予的以目标为导向的任务。电商企业经常以项目团队的方式攻坚克难，开拓市场。个人与团队的关系是部分与整体之间的关系，同样，团队与组织之间也是部分与整体的关系。个人与团队、团队与组织是一种互相独立又互相依存的辩证关系。团队建设中应以整体性的思维方式考虑问题，团队间的成员应有互补的技能和团结合作的精神，并且可以相互信任和帮助，以目标为导向，以提高效能为团队业绩的考量。团

① 陈春花，等. 组织行为学［M］. 北京：机械工业出版社，2009.

队组建时还要考虑个体成员的异质性和团队的整合性，部分之和不等于整体之和，充分发挥个体在团队中的效用，将会产生整体大于部分之和的效果。高效的团队具有统一的特质，特质是具有清晰的目标，团队成员之间互相信任和尊重，能够有效地整合团队中的个体，并有健全的沟通机制和监督反馈机制。团队的出色发挥能为组织带来好的效益，同样，团队作为组织成员中的一部分也要服从组织的管理，在团队间相互信任和尊重，有着和组织沟通的正常方法，接受组织的监督。在电商企业中，不同团队间的合作决定了电商企业的未来，譬如研发、销售、生产等团队间需要密切的合作与沟通，任何一个团队的出色都不能代表整个企业的水平，相互的配合才会为电商企业带来持久的发展。

（二）知识经济中的人本管理与自我管理

经济学的鼻祖亚当·斯密认为人类与生俱来具有自利的特性，人们正是怀着自利的特性而从事经济活动的，“经济人”也就成了古典经济学的核心理念。管理学创始人泰勒的科学管理的理念正是从“经济人”的概念出发的。随着工商企业的发展，“经济人”的理念已经不能完全代表人从事经济中的表现，人际关系学派大师梅奥等人随之提出了“社会人”的概念，人们从事经营生产活动具有社会的属性和需求，也就是除了物质的条件之外，还需要从心理和社会方面给予认可。“社会人”的概念可以说是时代的进步，承认了人的复杂性。但是，到了 21 世纪，网络技术突飞猛进，知识经济方兴未艾，人作为社会的主体，参与经济活动的主体已经不能再简单地以“经济人”与“社会人”而概述。于是，“文化人”成了知识经济人的代名词，人是文化的创造者与载体，管理与文化密不可分，现代管理是在开放的环境和特定的文化价值标准下进行的决策与管理。“文化人”假定群体中的每个成员都由相同的价值观指引，优秀的组织文化能够为员工带来荣誉感，可以增强组织的凝聚力。从“经济人”“社会人”“文化人”的概念可以看出时代的进步，组织与管理者的观念也随之改变，承认了人的复杂性，承认了人与组织的一体性。作为新兴经济代表的电子商务企业更应重视企业中“文化人”的概念，以“文化人”为出发点，以人性关怀为出发点，提高电商企业的组织运营能力。

在以电子商务为代表的互联网时代，人们在经济生产活动中对“物”的依赖越来越少，对知识的要求越来越高，而掌握知识的主体是人，所以，组织更加关注人的存在，因为组织的发展与人的发展息息相关。以人为代表的知识经济是现代经济的代表，电子商务经济便是其中最为典型的一个。知识经济，顾名思义是以知识为基础的经济形式，是建立在知识的转换、生产和使用的经济。在知识经济中，拥有知识的主体是人，在企业管理中人成了重要的因素，因此，人本管理的概念应运而生。“人本管理”就是以人为本的管理，把人作为管理活动中最重要的资源要素，在尊重人的前提下，充分发挥人的主观能动性，以促进人和组织的发展相结合作为管理理念。在人本管理中，企业要最大限度地帮助员工创造价值，使用多种激励方法激发员工的工作动机，提高员工的生产效率。德鲁克（Drucker，1999）认为，从现在起的50年内，在提高知识工作者的生产率方面采取最具系统化的措施，且做得最成功的国家和行业，将挤入世界经济的前列[①]。人本管理体现了企业对员工的重视，把人作为企业的资源和竞争优势来看待，提高员工的创造力，为员工实现自我理想提供平台，也能为组织增加效益。

① 德鲁克. 21世纪管理挑战［M］. 北京：机械工业出版社，2009.

人本管理的另一个关键要素是员工的自我认知，即认识自我的价值。在自我价值认知与实现过程中，越来越多的知识工作者开始实施自我管理。自我管理首先是要识别自我的优势是什么。在电商企业中，“我”可以在哪些方面发挥自己的特长，是技术特长、管理特长、研发特长，还是营销特长，找准自己的定位，同时要避免自己成为井底之蛙，正确地识别和理性地认识自己在组织中的地位，并给自己制定在短期内可以完成的目标，激励自己前行。其次，要关注“我”能为组织带来什么，也就是自己为组织可以提供什么样的服务和贡献，将组织的发展与自身发展相融合。再次，要具备正确的人际关系，在知识经济社会一般成功的人都会具备良好的人际关系。良好的人际关系需要具备互相沟通、团队合作、自我发展、培养他人四项要求①。良好的人际关系是在实践中不断修炼与提高的，既要尊重他人，包容人的差异性，同时也不需要迎合别人，尊重自己的道德底线。自我管理是知识经济时代组织中的“文化人”的一种较高层次的管理，是以人为基础的自我升华与提高。

（三）激励哲学与人才开发

事实证明，在电子商务时代，人才是企业最为可贵的资源，人才成为电商经济竞争中的核心力量，或者说是决定性的因素。在电商企业快速发展和扩张的时代，人才的短缺成为电商组织的短板，如何利用好现有的人力资源，是企业管理的重要手段。但是，现有的人才优势并不能被企业所完全认知，员工的潜能还尚待开发。正如麦克利兰（1973）所提出的冰山模型一样，个体素质如同冰山一样，水上面是人所展示出来的知识和技能，而人的内在特质、工作动机、社会角色等是不被别人所认知的。人的素质与特质是现象

① 德鲁克. 卓有成效的管理者［M］. 北京：机械工业出版社，2009.

与本质之间的辩证关系。人的知识和技能是展现在外，容易被别人所认知的，是多变的、丰富多彩的，可是，人的气质是人的本质特征，是相对稳定的。通过现象来观察人的本质特征，是组织进行人力资源开发的重要手段。激发人的潜在能力要通过不同的激励方式。人是复杂的，不同的人具有不同的特质，在不同的时间和地点，在不同的环境中，人的需求也会发生多种变化，组织使用激励手段也要因人而异、因时而异，在激励过程中使用适度的激励方式，或为物质激励，或为精神激励，过度的激励和不当的激励都会对组织或个人不利，把握激励的均衡性是组织的任务。

在激励过程中，管理者应对不同的人员实施多样化的激励方式。从激励的角度出发，有多种激励的形式，但是，在使用每种激励时都要以平等的观念来对待个人，同时，把握住激励的尺度，发挥出激励的作用。过度的激励和不当的激励都会对组织的成长和个人的发展造成伤害。

二、领导与权力关系的辩证性

领导的行为是电商企业价值行为的重要体现，呈现出多样性的特点，但是，成功的电子商务企业的领导却有相似的特质。领导的行为是以提高组织绩效水平为目的而实施的。另外，组织还需要合理地监督领导权力的使用，理性认识领导与权力的辩证关系，选聘适合的人才进入到管理的岗位，在组织中构建和谐的、平等的价值观念。

（一）电商企业领导行为的多样性与领导特质的统一性

电子商务企业中的领导主要指的是公司的创始人或者高层管理者及部分中层管理者。在电商企业中，领导负责公司的战略制定和运营管理，处于核心地位。而领导的行为一直都是为人所争议的，什么样的领导行为是好的，众说不一。俄亥俄州立大学关于领导行为的研究比较有代表性。他们将领导的行为分为两个维度，一个是关怀维度从高到低，另一个定规维度也是从高到低。定规维度是领导对任务和组织目标的关心程度，关怀维度是领导对下属的信任、关心和尊重。领导的行为有四种，分别是高关怀、高定规，低关怀、高定规，高关怀、低定规，低关怀、低定规。在电商企业中的营销部门，领导一般采取高关怀、高定规的模式，在感情上与员工亲近，在任务目标上采取主动，以任务为导向。在研发部门，领导者一般采取高关怀、低定规的模式，在感情上亲近核心技术人员或研发人员，在任务导向上又给予充分的信任，不过度干预，在规定日期内检查成果。在物流配送等部门，一般领导会采取低关怀、高定规的模式，主要关心任务的完成程度和完成质量。在激烈的竞争环境中，电商企业很少采用低关怀、低定规的模式。领导者的行为是多样性的，也是不断变化的，在不同的时间和不同的环境中也会采取不同的领导模式，不同的领导也会采取不同的领导行为模式。在电商企业初创期间，领导一般会采取高关怀、高定规的模式，在企业发展一段时间后，领导则会根据不同的形式使领导的行为发生改变。俄亥俄州立大学关于领导行为的研究只是众多领导行为研究中的一种，此外，还有管理方格理论等，将领导的行为分为团队型领导、俱乐部型领导、中庸型领导、任务型领导、贫乏型领导等五种模式。在领导理论中，不仅领导的行为是多样性的，领导的管理风格同样存在多样性。领导的风格主要有剥削式专权领导、仁慈式专权领导、协商式民主领导、参与式民主领导等风格[①]。领导者是要

① 彭新武，等. 管理哲学导论［M］. 北京：中国人民大学出版社，2006.

根据员工的实际情况和个人的特质和所处的环境来选择自己的领导模式，在变化的环境中领导者应随时改变领导的模式，以企业发展的绩效和员工个人的成长为考量依据，提供员工和组织需要的领导模式。

领导者的行为和风格呈现了多样性的特点，在企业的管理中也体现了不同的风格与韵味。但是，纵观十几年成功的电商企业的领导者，他们的特质都有一定的统一性。第一，他们具有极强的冒险精神。在企业创办初期，几乎没有人知道电子商务为何物，当时的互联网普及率极低，在这种环境中创业必然有极大的风险。第二，具有敏锐的判断力和创新精神。信息技术的发展日新月异，电子商务的发展边界也在日益扩大，只有具有敏锐洞察力的领导，不因循守旧的领导才能带领企业走上创新之路，才能不断改变人们的生活和生产模式，才能在未来的竞争中占据先机。第三，具有克服困难的极大勇气和非凡的个人魅力。几乎所有的大型电商企业在创业道路上并不是一帆风顺的，有时甚至会发生对企业有灭顶之灾的事情，但是，成功的领导者有对困苦环境的极大忍耐力和克服困难的勇气，坚持市场的导向功能，用时间来证明自己的成功，并且通过自己非凡的人格魅力组建了一个团队，为企业不断打拼。第四，对顾客讲诚信。成功的电商企业不局限于眼前的利益，始终把顾客的权益放在重要的位置，只有获得了顾客的信任，才能取得市场的份额。当然，成功的领导者还要具备许多的特质，但以上这四条是他们所共有的特点。今天中国电子商务的发展之所以如此迅速和成功，正是因为中国的遇决界拥有这样一群优秀的企业家。

（二）权力的来源与合理性

权力构成了领导的第一要素，领导如果没有权力将不能正常执行领导的职能。根据巴纳德的观点，权力是正式组织中沟通的一种特征，得到了组织贡献者或组织成员的接受，并支配着他们的贡献行为，即支配或决定什么是组织应该从事的活动、什么是组织不应该从事的活动①。权力也是一种能力，一种可以影响他人与组织同步并取得预期效果的特殊的能力。从能力的角度来看，权力是能力中是一种潜在的形式，是一种可以培养的能力。电商组织在发展过程中，领导者通过自身的努力使企业快速发展，与组织的目标保持了一致，同时，也获得了下属对他的认可，并具备了一定的权力。权力主要来自工作职位的获取，包括强制性的权力、奖励性权力、法定性权力。企业中的管理者一般都具备正式权力，在管理员工的过程中有奖励、惩罚、法定的认可。但是，在电子商务组织中还有一种特殊的权力形式，就是个体的专家性权力，技术人员或工程人员在电商组织中具有特殊的地位，优秀的技术专家虽然不具备正式的权力，但具有专业技术的权威性，特别是在技术领域的突出贡献，从而获得了一种权力，在工作中受到了包括领导者和员工在内的普遍尊重，在技术领域和研发领域具备很强的发言权。权力在电商组织运营中有其重要的方面。电商企业在人员流动频繁的基础上，组织要想正常地发展，需要留住人才，而保持人才的优势需要领导者合理地运用权力激励人才，让人才发挥其最大价值，对企业产生归属感和依赖性，对领导有较强的信任感，这样才能正确地发挥权力的作用。相反，如果滥用权力或使用权力不当，就会失去员工的信任，领导者也将走向失败。领导者如果不能合理地运用权力，将会为企业带来灾难性的后果。

人力资源管理中关于领导岗位的选聘一直是所有企业面临的难

① 巴纳德. 经理人员的职能［M］. 北京：机械工业出版社，2013.

题，同样，电商组织也面临这样的问题，而且还具有一定的特殊性。领导者由内部人员选拔的优点是可以激励内部员工，候选人熟悉企业的组织文化和日常运营情况，能够马上开展工作，缺点是缺乏新意，容易造成内部消耗。外部招聘的优点是可以带来新的技术、关系和管理理念，缺点是对组织不够了解，不能马上投入工作，容易给内部员工带来消极情绪。内部选拔和外部招聘是一种辩证的关系，企业为了成长需要找到适合自身发展的模式。电子商务企业的人员流动非常大，企业为了留住人才应该注重对内部人员的培养与选拔，应该为其提供发展的平台，保持人员的稳定性。在环境激烈变化或产生危机的情况下，要有革新的理念，需要新的管理人员加入，为组织增强活力，渡过难关。根据不同的竞争环境和组织要求，选择合适的人才选聘制度是电商企业成功的要素之一。

（三）组织中的平等观

在电子商务企业中有多种多样的组织结构和人员分工，每一个从业人员都以自己辛勤的工作助推电子商务行业的发展，在从业人员中有企业家、管理者、研发人员、技术人员、营销人员、行政人员、物流配送人员等多种类型。电子商务只是十几年发展起来的一种商务模式，所以，从业人员比较年轻，整个行业也都充满了活力，从业人员的特点也更加鲜明，主要表现为追求在组织中的平等、不畏惧权威。而平等的观念也是人们几千年来一直所追求的。法国哲学家皮埃尔·勒鲁在其著作《论平等》中认为："平等这个词成了一种原则、一种信条、一种信念、一种信仰、一种宗教"[①]。

电子商务企业中的平等主要体现在经济平等、政治平等、制度

① 皮埃尔·勒. 论平等［M］. 北京：商务印书馆，1986.

平等、发展平等四个方面。第一是经济平等。电商企业应该实行按劳分配的经济制度，在分配过程中应考虑到人员为组织的付出和组织得到的回报，进行有效的绩效考核，还要充分考虑到体力劳动和脑力劳动的关系，以薪酬委员会的制度考核员工及领导者的绩效，并给出合理的薪酬，通过合理的薪酬制度激励员工、稳定队伍。当然，还要反对平均主义。平均主义是组织的一大弊端，会打击员工的工作积极性，相同的岗位应该通过明确的奖励惩罚制度区分出工作绩效。第二是政治平等。政治平等主要是指员工在组织中对待权力的方法与态度。掌握相对集中的权力的领导者会产生自满的情绪，不思进取，缺乏有效的监督。还会挤压员工的成长空间，造成分配的不公，任人唯亲而不是任人唯贤，造成组织中人力、物力的巨大浪费。让权力回归到本性质是政治平等的首要条件，扁平化的组织结构有效地压缩了权力的空间，并为上下级的沟通增加了途径，让员工能够参与到企业的管理与运营中，让岗位回归到任务导向。第三是制度平等。在公司制度面前人人平等，制度是组织中每个成员所必需遵守的条约。在电商组织中很多企业在制度上欠缺或是执行不严，同学关系、校友关系、老乡关系等充斥着企业，同时也腐蚀着企业，制度平等就是要做到奖惩有据，把情感因素放到制度的后面。第四是发展平等。电子商务企业是新兴的商业模式，由于从业人员的年轻化，需要组织内的员工不断学习，因此，组织要为员工提供合理的、平等的学习路径。同时，还要鼓励创新、尊重员工的创新精神，以开放的心态包容失败，不要计较一时之得失。当然，组织的平等是一种理想的状态，任何组织都不能做到绝对的平等，但是，组织要有合理的制度和用人原则，力求平等观在组织中形成一种文化。组织不会因为相对的平等就会造成效率的低下，平等的组织会有利于企业的健康发展，并有利于调动员工的工作积极性以及发挥其主观能动性。

三、个人价值观与组织价值观的对立统一

个人与组织的关系既是个体与整体之间的关系，也是一对关系范畴。个人价值观在多样性的情况下，必然造成个人价值观与组织价值观之间的冲突与异质，当然，其中也存在着一致与协调的方面，组织应当积极地面对冲突，重视组织的承诺与个人的绩效，最终实现个人的价值观与组织的价值观的有效统一，这样对组织的健康发展和个人的全面发展都具有十分重要的意义。而个人与组织是在共同的商务实践活动中结合成一定的关系来面对客体，形成主体间的关系。主体间的交往应是以对等性为特点，彼此都希望，特别是个人更加希望获得主体的承认与尊重，能够在平等的关系中进行沟通。主体间的性质实质上是主体之间的延伸与扩展，主体性和主体间性的发展应该是一致的[①]。个人的价值观与组织的价值观也是在主体间性的基础上构建而成的。

（一）个人的价值观与组织的价值观的冲突与异质

电子商务企业的运营是由每个员工共同完成的，员工个体组成了电子商务发展的元素，员工的多样化也造成每人的需求有所不同。这里的个人指的是成员的个体，并非是一个具有多样性特征的众多的个人[②]。组织指的是电子商务组织中的不同的个体，虽也具有多样性，但是属于一个整体，具有相似的运营规则和遵照市场运作的整体。价值因主体不同也会有相应的不同，具有独特性和多元

① 杨伍栓. 管理哲学［M］. 北京：北京大学出版社，2002.

② 刘敬鲁. 现代管理重大问题哲学研究［M］. 北京：中国社会科学出版社，2015.

性，多维性和全面性，时效性和历时性的特点[①]。每个人的价值观因其主体的不同也会产生多样化的特点，而个人的价值观指的是引导个人做人做事，看待世界的本质，是内心深处富有激情和动力的精神形式。在企业中，每个员工的成长环境不同，所受教育的程度不同，个人追求的内容不同，对待物质和精神方面的不同，都会造成价值观的多样性。对于个体来说，每个人的价值观又具有独特性和唯一性。而组织的价值观相对来说是一个统一的整体，主要体现在组织的目标、文化、战略、道德伦理方面，是组织的核心理念，约束着组织内成员的意识行动和行为导向，体现出了一个整体性。组织的价值观是以组织为主体而形成的价值观，相对于个体价值观的多样性是一与多的关系。在电子商务企业中存在着"特殊"的组织成员，比如在 B2C 和 C2C 的经营模式中，组织是由不同的商业个体联合而成，商业个体中既有个人卖家，也有企业卖家，同样有着不同的价值观。这里的个人卖家和企业卖家也可以抽象地认为是"一个人"。组织要想具有强大的发展能力和生存空间就需要有正确的、合理的价值观，既要反映出组织的发展方向和行为准则，也要反映出成员的需求和利益。组织的价值观还要反映出组织的商业伦理道德和发展方向，为组织成员提供发展的空间和导向。

个人价值观的多样性和组织价值观的统一性必然造成个人与组织在价值观上的差异与冲突。其差异主要表现在个人的视野与组织的视野不同，个人的价值理念与组织的价值理念不同，个人的道德准则与组织的道德准则不同。差异性也必然会造成冲突。冲突可分为对立性冲突和建设性冲突。对立性冲突如组织和个人的道德观念不一样，不认可其基本的经营方式，感受到组织的不公平且不能忍

---

① 李德顺. 价值论：一种主体性研究［M］. 北京：中国人民大学出版社，2013.

受等，在不可调和的情况下，组织与个人都应考虑是否值得合作。在对立性冲突中，组织的价值观直接体现领导者的价值观，善变、不稳定，特别是电商组织中有些企业家具有很强的权力欲望，将个人的喜好强加于组织，组织中的成员的工作是在迎合领导的喜好，这样对组织的伤害极大。建设性的冲突是指个人的价值观与组织的价值观存在着可以调和的矛盾性的关系，这种建设性的冲突是一种矛盾的关系，可以为组织的发展带来活力，组织与个人将会各自调和自己的状态，在矛盾中成长与前进。在这里，组织中的对话机制和反馈机制尤为重要，既尊重了个体的发展，又能保持组织的统一性，为组织的革新带来了帮助。

（二）个人绩效与组织承诺和权利与义务的辩证统一性

个人的绩效直接反映在电商企业的运营效率和个人的收益上。提高个人的绩效，对电商企业来说是公司运营的核心。员工的绩效水平和员工对组织的满意度成正相关性，较高的工作满意度使员工心情舒畅，而且还可以使员工有较低的离职率，这一点对于电商企业来说是非常关键的，如何提高员工的满意度成为电商组织在发展中关注的重点。组织承诺也可称为组织的认同感，是组织的心理基础，包括对组织的价值观和依赖参与的程度。组织承诺可以分为情感承诺、持续承诺、规范承诺和理想承诺等。情感承诺是对组织的文化和行为表示赞同，愿意与组织共同成长。在我国传统文化的影响下，员工是比较重视情感体验的，情感的承诺可以使员工认可企业的发展，并且愿意付出。但有些电商企业在成长中引进所谓的“西方管理思想”，忽略了情感的投入，忽略了人性化的管理，造成了员工的高离职率，使企业动荡不安。持续承诺应以提高员工的薪酬待遇为基础。规范承诺是指由于受长期就会影响形成的社会责任而留在组织内的承诺。理想承诺是对员工未来发展的承诺，在电商企业的初期阶段，很多公司都使用理想承诺为企业留住了人才，渡过了危机。在组织承诺中应鼓励员工参与到公司的决策运营中来，为员工提供发展、学习的空间，提高员工的主人翁意识和责任感。

在组织发展中还要重视员工的权利与义务的辩证统一性。每个行为主体都要承认自己的合法权利是一种"权利意识"，承认他人、组织、社会的权利是一种"义务意识"[①]。在企业中，员工主动承担额外的工作或主动参与组织的活动是一种有义务意识的体现，员工接受合法的收益是权利的体现。企业应充分保障员工的权利，员工才能更好地发挥自身的义务；员工更多地发挥自己的义务，企业同样会给员工更多的权利，权利和义务是一种辩证统一的关系，是员工行为的一种体现。企业合理地发挥员工的权利和义务，提高组织的承诺，从而能够有效地提高员工的工作满意度，提高个人的绩效水平，个人的绩效水平影响了企业的绩效。他们之间是普遍联系和发展的关系，权利和义务是根本。

（三）实践环境下的工程师文化和对权威的突破

信息社会环境下的电子商务企业及信息技术产业里有一种特殊的组织文化，这就是工程师文化，工程师文化对组织与个人的价值观产生着重要的影响。首先，在电商企业中，工程师有着受人尊敬的地位和优厚的薪酬，而且一般都处在管理者的岗位或者拥有较大的权力。工程师首要的基础是拥有较高的工程技术水平，遇到问题能寻找到解决问题的方法，并在实践中解决问题。其次，工程师具

① 袁贵仁. 马克思主义人学理论研究［M］. 北京：北京师范大学出版社，2012.

有很强的创新能力、分析思维能力和前瞻思维能力[①]。在工程师文化的背后，资本的力量和占有生产资料的优势已经不再明显。产业的竞争力主要体现在人的创造力上，拥有创造力将会生产出优质的产品，可以更容易寻找到资金和生产资料，缺乏创造力的企业将会浪费资金和生产资料。电子商务企业一般会用任务导向来管理工程师的团队，不过分干预工程师的创造，给他们提供优质的工作条件，将创造的任务完全交由工程师负责。在工程师文化的背后还有对权威的突破。传统企业比较迷信权威的作用，在现代的电子商务企业中，权威的重要性越来越不明显了。信息社会，信息的更新速度极快，知识更新频繁，不确定性因素随时都在发生。专家原先具有一定权威的经验如果不紧跟时代的潮流，其经验的优势会稍纵而逝，新的想法和技术基本上都是由初出茅庐的年轻人设计完成的。另外，在电子商务领域从业者的年纪比较小，所谓的专家权威也是在近期形成的，只要年轻的工程师努力，不受原先知识和技术的束缚，也能很快成为新领域的专家。工程师文化和对权威的突破实质上是实践的，实践是认识和改造世界的途径。在实践的指引下，工程师们不拘于理论的束缚，以问题为导向，以提高使用价值为原则，不断推动电子商务产业的发展。

（四）个人价值观与组织价值观的一致性[②]

在电子商务组织中，个人的价值观与组织的价值观的一致存在着一定的必要性。在知识经济时代，人要想全面发展并获得个人价值的提升，必然要在一个组织中发挥自身的才智。个人的价值观与组织的价值观在一致的情况下能够为个人提供健康成长的环境，有

① 吴军. 硅谷之谜［M］. 北京：人民邮电出版社，2016.

② 刘敬鲁. 现代管理重大问题哲学研究［M］. 北京：中国社会科学出版社，2015.

助于个人的各项需求得到满足，有助于个人学习和创新能力的发挥，有助于个人思维的活跃和激情的迸发，为实现自我提供了平台；同样，个人的价值观与组织的价值观的一致性可以有助于组织的和谐稳定，有助于组织战略的实施，有助于组织的团队建构，有助于组织的长远发展。个人的价值观和组织的价值观的一致性能够实现组织与个人的共享共赢，为共同的成长与发展提供了平台和智力的支撑。

要使个人价值观的多样性和组织价值观的统一性达成最终的一致性，本身是一件很难完成的事情，需要组织与个人共同努力组织的价值观与个人的价值观协调发展。当组织的价值观和个人的价值观出现非原则性的对立冲突时，应该以一种协调的态度来处理这种矛盾关系。在组织基本价值不变的条件下，保持个体的相对多样性。

同样，在 B2C 和 C2C 商务模式下，每一个商家的个体在电商平台大的价值观不变的情况下，保持个体经营的多样性会为电商组织带来丰富多彩的经营效果。双方应该建立一种组织平等的对话机制，为个人与组织之间的沟通搭建桥梁。平等对话的目的是实现理性的反思，帮助个人或者组织重新思考。在电商的经营过程中，当经营理念有所不同时，个体与组织要通过平等的对话和理性的反思寻求到协调的途径，这里不仅要求个体进行让步，组织在尊重个体和组织发展均衡的条件下，在利益公平分配的条件下，在权利和义务合理实现的条件下，也应当实现一定的妥协。个人的价值观与组织的价值观是一个相对动态的过程，是一个不断完善和发展的过程。在个人与组织反思的基础上双方的认识能力会提高，在实践的基础上双方的认识能力也会提高，个人与组织在发展中不断调整与适应，为共同的发展做出各自的贡献。

（五）个人的全面发展

电子商务诞生于知识经济社会，知识经济社会的主体代表是知识工作者。在复杂多变的环境中，特别是信息技术的浪潮下，人们的思维方式发生了根本的变化，知识工作者最为典型的特征就是拒绝平庸，包括电商企业。根据统计，在信息化产业中，各个行业排名第一和第二的企业占有市场将近 90% 的份额，电子商务企业也在其中。所以，电商企业和个人都要拒绝平庸，平庸就意味着落后，就意味着要淘汰，这就是信息产业的规律。电子商务企业发展与个体的努力是分不开的，个人的全面发展意味着企业也将获得良好的发展机遇。一切事物都是运动发展的，个人也是如此的，企业组织也是如此。马克思认为人的本质是一切关系的总和。人是自然、社会和精神的统一体。人的发展表现在具体的社会关系上。所以，人的发展应该是自由和全面的，电商企业在运作上应该考虑到员工的全面发展的特性，为员工的发展提供合理的、公平的发展平台。人的发展更是自觉、自愿、自主的发展①。人自身人格的完善与发展必然带动组织和社会的发展。在个人全面发展的前提下，实践是最为重要的实现途径。个人的天赋和素质确实存在着差异，但是，这种差异不足以改变人的特性。个人通过实践可以不断地改造自身的素质，开发个人的潜能，提高个人的智慧。反过来，这些素质的提升可以提高人的实践能力，促进人的发展。实践同样可以改造人的价值观、世界观，让人形成创新型的思维方式。马斯洛在其著名的需求理论中将人的需求分为五个层次，分别是生理需求、安全需求、社会需求、尊重需求和自我实现需求。人通过全面的发展可以最终

① 袁贵仁. 马克思主义人学理论研究［M］. 北京：北京师范大学出版社，2012.

实现自我，体现人的社会价值和社会贡献，体现人在自我价值中的自主与担当。因此，为员工提供全面发展机会的电商企业才是真正能够留住人才，有发展前途的企业，因为个人与企业的全面发展与社会的全面发展相辅相成，不可分割。

综上所述，电子商务企业在管理实践过程中，首先面对的是复杂多变的竞争环境。根据竞争环境的不同，组织需要不断地反思与学习，要对动态环境有理性的认知，在适当的时候进行组织结构的改造和战略的调整，打造出适合企业发展的核心竞争力。在管理实践中还要重视组织文化的建设，重视文化间的冲突，合理地利用文化矛盾，最终实现文化的交融。当然，个人价值观的多元性和组织价值观相对的统一性，同样是组织在实践中重点关心的问题。电商企业为了赢得竞争的优势就必须尊重人才，对人才进行有效的开发与利用，在组织内部构建和谐的、平等的价值观念，还要尊重个人的价值选择，正确处理个人与组织价值观念间的矛盾，履行组织的承诺，构建出为个人和组织全面发展的良好的平台。

电子商务组织的管理价值行为的实践是在人们价值观念的指引下而逐步调整、逐步完善的。价值行为的优劣在电子商务组织管理中不仅只体现在组织的绩效水平上，绩效水平的高低只是管理价值行为在实践中一个重要的因素，还要接受电子商务利益相关者和社会进行的价值评价。符合社会主流的价值观，并有助于利益相关者价值实现的价值行为，才可成为有效的管理价值行为，反之亦然。这就需要电商企业组织在价值行为的实践中，建构一套合理的价值评价标准，来指导价值行为的实施。

| 第四章 |

电子商务与经济社会发展的价值评价

电子商务促进了经济与社会的发展，通过对管理价值的选择和行为的实践，能够实现管理价值的本身。在价值观念的形成和实践价值行为的过程中，价值评价构成了它们的中间环节。符合社会主流意识的价值观，对电子商务的发展是有利的，这就需要正确地树立电子商务企业的伦理观，构建合理的价值评价标准，以社会评价为尺度，合理、有序地发展电子商务产业。同时在促进经济发展的标准下，还要有效地促进经济的自由与平等、公平与效率，发挥电子商务的经济特性。另外，政府在价值评价中同样起到重要的作用，通过电子商务发展的模式，促进社会的和谐发展。

第一节　企业伦理视阈下的正确伦理观

电子商务的快速发展掩盖了许多发展中的问题，特别是企业伦理的问题，而企业伦理的问题将会成为制约电子商务整体发展的关键。合理地认识和处理好企业伦理的问题，是电子商务企业所必须面临的，需要企业有效地识别电子商务伦理问题，也需要社会构建合理的评价标准，在价值标准的前提下，进行有效的价值评价。当然，无论是个人还是组织都需要建构正确的伦理观，行使正确的伦理行为，加强道德的约束。个人在伦理观的建构过程中需要发挥道德价值的特点，管理的双方都需要尊重契约精神，而电子商务组织则需要接受社会的评价，合理地构筑企业伦理文化，履行企业的社会责任。

一、企业伦理及其利益的建构

企业伦理问题是企业在发展过程中的重要问题之一，电子商务的发展同样离不开伦理的约束。正确地认识利益，构建正确的利益观，有效地识别电子商务在经营和发展过程中的伦理问题，是电子商务发展壮大的基石。识别电子商务伦理的问题也是构建评价标准的问题，是电子商务价值评价的基础。

（一）企业伦理的问题

企业伦理是伦理学的一个分支，是关于企业及其企业经营过程中的伦理。成中英（2010）认为“企业伦理是指任何商业团体或生产机构以合法手段从事营利时所应遵守的伦理规则[①]”。企业伦理与商业道德间既有相同点，也有不同点，商业道德是指商业行为中个人的道德行为，企业伦理包含商业道德的概念，主要指整个商业行为中企业与员工、消费者、政府、其他企业等一系列的伦理问题。企业伦理可以分为对内和对外两个部分。对内是指劳资双方的关系，包括企业与个人、与领导者之间的伦理关系。对外指的是企业作为社会的组成部分，其活动对社会的影响，包括其对社会的权利与责任。其中对外的责任更为突出与明显，造成的社会影响也更大。

实践证明，企业通过改善其伦理行为能够有效地提高企业的绩效水平，而企业通过其伦理行为能够在员工、消费者和社会间形成声誉，声誉是企业的一种无形资产，可以为企业带来意想不到的好处。首先，伦理有助于组织承诺和员工承诺，组织承诺是组织对员工的发展所做的承诺，员工承诺是员工相信组织的未来，愿意与组

① 成中英. 文化·伦理·管理［M］. 北京：东方出版社，2010.

织共发展，同时，还可以提高员工的忠诚度，保持人才队伍的稳定，并吸引杰出的人才。其次，有助于提高顾客的满意度。以顾客为导向的企业，以质量为本，为顾客创造价值，和顾客之间建立一种持久的相互尊重的关系。再次，有助于投资者的持久投资。企业伦理可以降低企业的风险，能够正确地研发、营销、运营企业，并取得良好的社会声誉，能够为投资者带来持久的回报。此外，有助于企业绩效的增加，一家诚信、公平、正直、有质量保证的企业是会受到广大消费者、投资者和社会认可的，会受到公众的关注，绩效水平就会随着企业的经营而不断提升。有正确伦理观、有社会担当的企业是人们倡导的企业，企业会通过其行为得到更大的发展。

（二）利益的问题

利益是建构企业伦理的核心要素。通常利益是一定的主体所获得的或能够获得的生存发展对象，理解为人们社会关系的结晶，无疑抓住了利益本质的一个基本方面[①]（刘敬鲁，2015）。利益本身也是一个活动的过程，是一种创造价值的实践活动。任何一种组织形态中都会有自身的利益需求。正确处理商务经营活动中的利益关系，合理分配利益，就要判断出利益的相关者。在商务环境下，利益相关者可以分为主要相关者和次要相关者。主要相关者包括企业的员工、消费者、投资者、所在地政府和主要的供应商等；次要相关者包括一些贸易团体、媒体等一些并不参与商务经营的实体。在经营中伦理失范，将会影响利益相关者的信心，将会为企业带来许多不必要的麻烦，在企业运作中应该以利益相关者为导向，建立合理的伦理制度和伦理文化，是企业正常发展的方法。合理地获得利益，是价值评价的重点，是获得价值实现的基础。

① 刘敬鲁. 现代管理重大问题哲学研究［M］. 北京：中国社会科学出版社，2015.

（三）识别电子商务中的伦理问题

有效地识别电子商务经营中的伦理问题，可以降低企业的运营风险，使企业在正常的轨道内发展。如何识别电子商务的伦理问题呢？可以从对内对外两个维度来进行思考。对内是企业与员工的问题，主要是双方秉持诚实和公平的信念来进行交往，体现在双方对绩效水平的认可程度和企业员工的离职率上。当然，不正确的伦理行为也包括企业内部人员的行贿与受贿，窃取商业情报，倒卖顾客信息等事件。在对外的维度里，还分为企业与法律、企业与消费者、企业与环境、企业与同业竞争者、企业与其自身发展问题。企业与法律指的是要看企业的每项决策是否依据法律法规，电子商务领域中经常会涉及的是网络诈骗、涉黄涉黑涉毒、传播谣言等违法行为。企业与消费者主要涉及产品的质量和售后服务问题，因为网络的开放性，商品售后的服务问题尤为突出。企业与环境主要是指企业经营的产品是否对环境造成伤害，是否对人形成伤害。企业与同业竞争者指的是双方是否合规地进行竞争，存不存在不正当经营手段。企业与自身发展是指企业是否愿意有效地进行产品的研发，是否愿意根据环境的变化来进行变革，是否愿意为社会创造更大的价值。

电子商务企业是一种新兴事物，正在蓬勃发展，有效地反思自身的伦理行为，能够为行业的持久发展带来动力，为社会带来示范效应，为利益相关者带来回报，也是电子商务本身价值的体现。对伦理问题的识别是构建价值标准的前提，也是电子商务价值评价的前提。

二、我国目前电子商务环境下的主要伦理问题

电子商务在十多年的时间里呈井喷式增长，改变了人们的消费

模式，也改变了企业的经营模式，是企业参与竞争的重要手段之一。其实，电子商务在发展过程中遇到了很多的问题，但是，因为增长速度的过快而没有被足够重视。但现阶段这些问题成了电子商务发展的瓶颈，特别是商务伦理问题到了必须解决的时刻。随着电子商务的发展，现在已经到了我国电子商务的转型期，电子商务已由原先重视量的发展。只有转变为重视质的发展，解决这些伦理问题，电子商务才能在后续的竞争中健康地发展。

电子商务是基于互联网发展起来的商业模式，与传统的商业模式相比可以极大地降低交易的成本，而受商家的追捧。消费者也可以在网络空间里足不出户就选购自己喜爱的产品，突破了时间与空间的限制。但是，网络空间的虚拟性、开放性提升了交易双方的风险，消费者对产品的宣传也会出现偏差，个人信息也存在着泄露的危险等。我国目前存在的电子商务伦理问题有以下几个方面。

（一）商品的质量无法保证

电子商务在网络上经营，因其价格低廉吸引了广大的消费者，但网络空间是一个虚拟空间，消费者并不能看到实物，这就为不良商家销售假冒伪劣商品提供了可乘之机。低质量或假冒商品严重损害了消费者的权益，而且很多网上购物平台的售后服务很不到位，在虚拟的空间里，消费者既找不到商家，也找不到可以有效投诉的渠道或者缺少反馈的机制，特别是有些商家还为退货设置了多重障碍，这些问题对消费者来说都是不能接受的。低价低质的商品并不是电子商务经营的实质，它的出现严重影响了电子商务的整体发展，有效的产品监督、投诉机制和简单的退货渠道应该是电商平台吸引消费者、为消费者服务的重点。

（二）虚假信息的泛滥与信息欺诈

自媒体和 WEB2.0 技术的广泛应用，以及社交平台的出现都为不良商家发布虚假信息提供了机会。原先商家发布产品信息的渠道比较单一，且受一定的控制，电子商务利用现代互联技术、移动技术和多媒体技术等可以随时随地发布产品的信息和一些消费者的感受，这些信息中有些是虚假信息，为消费者分辨信息的真伪带来了困难，为消费者的选择带来了困顿，并且虚假信息源的追溯很难。还有些商家伪造商品浏览量、交易量和消费者好评，这些不良行为降低了电子商务的可信程度。

（三）知识产权的侵犯

互联网是一个开放的空间，电子商务利用互联网的开放性进行经营活动。很多易于复制的具有知识产权的产品在网络上广泛流传。知识产权的保护是人们对知识创造力的保护，对人类的发展有着重大的意义，可以促进人们的创新发展力，刺激经济的发展，促进人类的进步。一些网络平台简单、粗暴地侵犯知识产权，是对知识工作者的不尊重，是一种违法行为，严重伤害了人们的创造性，同时，也会让人们对网络平台存在抵触情绪。因此，在电子商务经营中经营者应该做到既要保护知识产权，也要利用好网络资源共享的空间，找到两者的边界，有法可依、有法必依。

（四）个人信息的泄露

在电子商务网络平台上购物，消费者必然要留下个人的信息。在物流配送期间，个人的信息也被物流公司掌握。这就为不法黑客或不法分子留下了盗取或购买个人信息的渠道，个人信息遭到了严重的泄露，更有甚者还会盗取消费者的银行账号，通过消费者的数据，分析其消费习惯，实施具有个性化的诈骗。这些行为不仅侵害了消费者的隐私权，更是一种违法犯罪行为。消费者隐私权的泄露，让消费者产生了心理阴影，对商家与消费者的沟通产生了许多不良的影响。

（五）物流配送的问题

电子商务的快速发展离不开物流产业的支持，电子商务重要的一个环节就是将物品快速、安全地送达到消费者手里。可是，我国物流行业还存在着物流送货时间没有保证，货品在运输途中丢失或破损等问题。物流问题是电商运营中的重要环节，对消费者来说十分关键，快速的物流和良好的服务能为顾客提供满意的购物体验。现代物流体系的构建对物流公司、电商企业、消费者都非常重要。

（六）同业间不道德的竞争

任何一个电子商务企业都希望在与同行的竞争中占有先机，特别是在不确定的环境中，竞争更为激烈。但是，同业者之间的竞争应是在一定伦理道德的约束下进行的。现如今电子商务企业间存在着一些不道德的同业竞争问题。比如，商家互相揭短，找一些网络水军进行网络攻击，窃取商业情报等行为。有些公司是以窃取对方的知识产权或商业机密为目的，来挖取对方的人才。还有网络间的不相容问题，让网民在两家产品中只能选择其中一方的产品。这些不道德的竞争不仅影响了电子商务的发展环境，也对顾客造成一定的伤害，以至于伤害到整个电子商务产业。

（七）网络犯罪问题

网络犯罪问题是在互联网普及过程中发生的新型犯罪形式。不法之人通过在网络上窃取顾客的银行信息，非法转移其财产，还有通过网络黑客盗取企业的商业机密或账户信息，实施诈骗等行为。另外因为监管不严，在电商平台上出现一些非法经营。而且，由于网络的隐秘性较强，人们对于犯罪的察觉和警惕性较低，所以更容易受害。要铲除这些毒瘤，需要政府的监管部门和网络公司的监管双管齐下，遏制住这种不正之风，为互联网和电子商务提供清风正气。

（八）环境问题与食品安全

电商产品的低价产品是商家的竞争优势，有一些商家为生产低价产品，忽略了环境的问题，造成了严重的环境污染，甚至许多低价的有毒产品进入到消费者手里。还有许多的配送外卖网站，对准入者监管不严，卫生监督不力，让许多有毒有害的食品通过电商平台流入到人们的餐桌，对消费者造成伤害。

（九）消费者欺诈等

在电子商务经营中还存着消费者欺诈的问题，有些消费者通过不正当手段从商家获利。例如，恶意污损商品后退货，然后在网络上对商家进行不合理的批评与辱骂。甚至出现了职业差评师的行业，商家为了消除差评，不得不被职业差评师勒索。

当然，除了上述几种主要情况，还存在着各种各样的伦理问题，电子商务经营发展是商家与消费者共同建立的商业环境，需要双方共同努力提高素质，特别是道德素质，这样才能净化环境，电子商务才能有序、健康地发展。

三、个人在电商发展中的正确伦理观

个人商务的行为与道德水准直接影响着电子商务的发展，诚信的品质是电商企业发展的基础。每个人都需要遵循契约精神，履行义务、享受权利、分担风险才是电子商务发展的正确道路。同时，作为电商企业的领导，其个人行为将直接影响到企业的形象和员工的士气，公平地对待员工、合理地对待顾客的诉求，是领导所必备的重要素质。在树立个人正确的伦理观时，个人道德价值突显其重要性。

（一）道德与个人行为

道德作为人理性的内在要求的体现来看，是实现人的自由的内在条件[①]。个人的道德因素是建立正确伦理观的重要部分。每个人都有自己的道德哲学，道德哲学是人们用来评判是非对错的具体的原则和价值观，企业的伦理是基于群体、组织或者团队而定义正确或错误的行为。个人的道德哲学在企业中指引人们解决利益冲突，使生活在群体中的人们最大限度地互惠互利，指导企业正确处理伦理问题。亚当·斯密在《道德情操论》中认为企业应当接受好人的道德指导[②]。

在组织的正常运营中，个人符合道德的行为是我们所提倡的正确的行为。罗国杰先生（2015）认为道德的行为一般有三个必要条件。“一是必须有善良的动机；二是在行为的全过程中所采取的手段也必须是道德的；三是一般情况下它的行为的效果应当是好的，同它善良的动机是一致的”[③]。也就是说，道德的行为是有好的动机、好的过程和好的效果。个人的行为要以此三项为出发点，在企业内部建设一种符合道德行为的流程，不仅是对顾客负责任，也是对员工负责任的体现。

对于个人在企业中的成长和发展来说，公平、公正是最为关键的要素。企业要做到公平、公正地对待每个人，包括员工与顾客。

---

① 龚群. 现代伦理学［M］. 北京：中国人民大学出版社，2010.

② 费雷尔，等. 企业伦理学：伦理决策与案例［M］. 北京：中国人民大学出版社，2012.

③ 罗国杰. 马克思主义伦理学的探索［M］. 北京：中国人民大学出版社，2015.

公平、公正包含三个层次，结果公正、程序公正、互动公正。在电子商务企业的运营中，结果公正指的是对企业的利益分配公正，以按劳分配为准则，对员工合理地分配体力劳动与脑力劳动对员工，尊重知识型员工的价值，并给出合理报酬；对顾客或员工的投诉要公正对待，认真调查、不偏不倚，尊重网络交易的过程，给出公正的、可以接受考验的处理结果；对员工的发展要公平，让适合的人坐适合的岗位，在新技术快速发展的环境中，尊重员工全面发展的要求。程序公正指的是在企业内部有完善的企业制度、企业流程，以公开、透明的方式对待员工和顾客，这样能够凝聚员工，培养顾客的忠诚度。互动公正指的是要有好的交流和沟通的平台，让员工可以诉说，让顾客可以评价或投诉，并且还要具备反馈机制，正确地处理矛盾、纠纷，在互动中以平等的精神对待每一个人，解决过程中要真诚、礼貌。

（二）契约精神

契约精神认为人们在平等的基础上达成契约模式，是人们行动的道德依据。契约精神中的法律原则和道德原则必须是立约者全体成员或代表的同意才具有合法性，是一种自由意志的体现。在现代电子商务企业中，契约精神无处不在，是个人、企业和社会的伦理表现，是在经营中商家与顾客讲诚信的体现。契约精神不但蕴含了电子商务在运营中的经营法则和风险管理原则，也体现了一种权利与责任的对等。在契约达成之时，就是执行之日，双方要按照契约的要求享受权利、履行义务、承担风险。义务是本源的，权利是从义务中派生而来，义务产生权利，权利来自义务[①]。以权利与义务对等的原则来进行双方的交易，同时，也体现在企业内部员工与组织

---

① 罗国杰. 马克思主义伦理学的探索［M］. 北京：中国人民大学出版社，2015.

的关系上。在大多数电商企业中，人与人之间，特别是上下级之间是一种新型的契约关系，员工受雇于企业，并不是受雇于领导者，企业要为员工提供发展的空间，同时，员工通过对企业的贡献来获得收益，并可以从企业的利益中分得约定的部分，上下级之间处理事情应该用商量沟通模式，应很少出现强权管理的方式。这种企业讲完契约精神中的平等原则，真正为员工的全面发展提供了平台。在经营中，契约精神还体现在顾客与商家之间。首先，顾客与商家是自由交往，是在自愿的原则下进行商务的往来；其次，双方是以自身利益原则进行交往的；再次，双方的权利与义务是对等的，双方通过商务往来的合同，各自享受自己的权利，履行自己的义务，承担契约中的风险。亚当·斯密认为“个人决不应该把自己看得比其他人更重要，即使自己的利益可能远远大于对他人的损害，也不能为了私利而损害他人”[①]。契约精神就是要体现契约的本身。现代电子商务企业及其电商经营平台，本身是一个比较松散的组织，就更需要双方履行契约，实现契约精神。

倡导契约精神主要在于对诚信品质的构建。诚信是我国传统文化的精髓，我们要继承和发扬诚信的精神，在商务往来中树立诚信的意识。牟钟鉴先生认为“个人的生命与事业的生命都需要以诚为魂，否则空有其躯，而无活力”[②]。诚信也是人自由、全面发展的重要因素。在培养诚信精神的情况下，还要有处理违约者的措施，让失信者无法立足，让契约的双方不敢违约。

（三）领导者的正确伦理观

在一般电子商务企业中领导者扮演着重要的角色，而且是重大

---

① 亚当·斯密. 道德情操论［M］. 北京：中国城市出版社，2008.

② 牟钟鉴. 新仁学构想：爱的追寻［M］. 北京：人民出版社，2013.

项目伦理决策的负责人。讲道德的领导者对电商企业和利益相关者来说是十分重要的，他能够为企业带来正确的发展方向和价值观，可以做出正确的符合伦理的战略决策。讲道德的领导者，首先，可以为员工，包括在C2C平台中为个体经营者提供挖掘人们潜能的机会，给其充分展示自我的平台和全面自由发展的空间。其次，可以有效地平衡组织和个人的要求，寻求组织与个人的发展的统一性，协调两者之间的矛盾。再次，能够培养个体（包括个体商家和员工）的责任感，建立以顾客为导向的服务体系，培养个体的社会责任感和使命感。此外，能够建构有效的组织伦理观，让组织在制度和文化的指引下做符合伦理价值的事情。当然，道德的领导者除了完成以上四项基本工作外，还要为利益相关者创造更大的价值，这也是领导者的使命之一。要用道德塑造行为，不仅是个人的领导行为，还包括利益相关者的道德行为，为利益相关者开展有关道德、价值观的对话机制和反对反馈机制，在矛盾中寻求符合伦理、适合利益相关者的行为。还需要在实践中展现有道德的行为，敢于担当社会的责任。需要培养优秀的、有道德的人才进入企业或管理层，让其为企业创造更大的价值。

有道德的领导者在管理风格和管理行为上有着相似性。他们都有较好的个人品格，能够利用知识和技能，又有能力和魄力解决复杂的伦理问题。德鲁克（1985）认为，“在将来最起决定性作用的既不是教育，也不是技能，而是一个人诚实、正直的品格[①]”。在科技环境变化日趋频繁之时，管理者的决策、时间的跨越幅度及其风险都要求管理者应将整体的利益置个人利益之上，将伦理道德坚持到底。另外，领导者还要有正确做事的激情，以伦理为基础做正确

① 德鲁克. 管理的实践［M］. 北京：机械工业出版社，2009.

的事情，愿意面对艰难的环境，并做出正确的选择。能够积极、主动地参与工作，为利益相关者提供有价值的创造。领导者应是组织里道德的楷模，领导的行为直接影响着下属和组织的行为。领导者应允许员工合理地表达自己的意见，并听取和接纳合理的请求。领导者能够创建符合伦理的商业经营制度，监督企业的运营与决策的伦理问题，让企业成为一个讲道德的好企业①。当然，有道德的领导行为是多样性的，只要符合企业的伦理价值观和社会的价值观，适合组织发展的行为就是好的领导行为。电子商务企业的领导除了应具备上述的伦理道德外，还应具备敏锐的观察力，毕竟电子商务的发展日新月异，好的领导行为和有道德的领导行为应相应地统一。

四、组织在电商发展中的伦理观

电商组织应构建正确的企业伦理观，积极地履行社会责任。随着商业环境的变化和人们道德观念的改变，组织的伦理文化成了企业进行营销和运营的关键，是企业发展的道德基础。积极地构建符合社会主流价值观的企业伦理文化，特别是关注信息伦理问题，将会成为人们评价电商企业的重点。电子商务组织应接受价值评价，尤其是符合公共性标准的社会评价。而社会评价的优劣是受电商企业外在形式和内在形式共同影响的。外在形式是需要电子商务企业遵守法律法规，依法、合法地进行经营活动；内在形式在于以社会的根本思想为基础和指导原则，遵守道德规范，积极履行社会责任，在社会中可以起到价值引领的作用，可以为行业在参与社会的价值评价中起到示范作用。

① 费雷尔，等. 企业伦理学：伦理决策与案例［M］. 北京：中国人民大学出版社，2012.

（一）电商企业伦理文化的建构

伦理文化作为组织文化的一部分，在伦理决策和组织建设中发挥着重要的作用。现阶段电子商务的发展受制于伦理文化的欠缺，商务伦理问题频频出现，主要是由于组织内部伦理文化不健全，奖惩不分明造成的。如果企业完全以利益为导向，奖赏那些不符合伦理价值的员工行为，其他员工将会纷纷效仿，造成整个企业的不道德经营。如果企业重视伦理行为与决策，奖赏符合伦理道德行为的员工，并始终如一地贯彻执行这种奖惩制度，在企业内部将会形成正确的伦理观。建构企业伦理文化，坚持以顾客为导向的经营方式，坚持以质量为根本的产品标准，企业的员工也将会喜欢这样的伦理道德观，改变工作态度，创造更好的绩效；顾客也可从中获得价值的提升，提高对企业的忠诚度；电商企业可以塑造良好的公众形象，获得员工的支持并留住人才，获得更多的顾客，提升企业的业绩。

建构电子商务企业的伦理文化，首先，要建立诚信经营的理念，对顾客讲诚信，保证产品的质量，提升服务水平，建立绿色的物流体系，建立沟通顺畅的投诉反馈机制，了解顾客的需求和期望，以诚为本，因为没有人能够估计顾客的不满意将会给企业造成多大的损失[①]；对员工讲诚信，为员工提供全面发展的平台，公平地对待每一个员工；对社会讲诚信，负起应尽的社会责任，树立良好的公众形象。其次，建立以人为本、合作共赢的商务模式。在电商企业平台中，有很多是个体经营或者小微企业，电商企业应本着以人为本的理念对待每一个个体，包括顾客，提倡合作共赢的模式，合作发展，共享经济成果，为个体、顾客的价值提升创造机会。在

① 戴明. 转危为安［M］. 北京：机械工业出版社，2016.

建构伦理文化的过程中还应引进文化审计功能，请外部的员工、顾客和其他利益相关者对企业的伦理文化进行审计，及时纠正错误的行为和制度，监督企业的伦理文化建设。

（二）道德营销与运营

市场营销是企业直接面向消费者宣传企业和产品的渠道。电子商务企业的营销在以往曾受到了很多消费者的诟病，主要集中在过度营销和宣传产品，夸大产品的用途和服务，以先涨价再打折的方式欺骗消费者，获得消费者信息后骚扰消费者等行为。道德的营销是让消费者了解货真价实的产品和服务，为消费者提供良好的购物体验。在营销过程中要展示出企业的形象和价值观；要将企业认同的价值观传达给消费者，并符合消费者的要求；尊重营销区域的文化特征；由衷地为消费者创造价值，而不是榨取消费者的价值；实行符合法律法规的营销等方式。讲道德的营销还要得到社会的认可，符合社会的价值观，坚决抵制低俗不堪的营销行为。讲道德的营销还可以为社会进行公益宣传，积极参加公益活动。

运营是企业为顾客创造和传递价值的过程，主要任务是兑现对顾客的承诺。在电子商务中，讲道德的运营方式主要以产品的质量和供应链的管理为导向。质量管理之父戴明博士曾提出好的质量可以使公司永续营运，要把消费者作为生产线上最重要的一部分，向消费者学习，提供好的产品与服务[①]。质量是企业的生命之源，电商企业在发展初期通过低价格吸引消费者，但是，质量却难以保证，随着经济和社会的发展，消费者将回归消费的本质，质量的问题就会凸显出来。除了质量问题外，运营中制约电商发展的就是供应链的管理，道德运营的目标之一就是提高供应链的效率，特别是物流

① 戴明. 转危为安［M］. 北京：机械工业出版社，2016.

的效率，保证产品在短时间内完整无损的到达消费者的手里。

（三）技术保障与信息伦理

电子商务的伦理问题之一就是消费者信息和隐私的泄露，电子商务是以互联网为依托的商务经营形式，网络的开放性和松散性为许多不良行为提供了可趁之机。电商企业应切实保护消费者的信息，加强网络技术的规范性，有应对黑客的方式，不断提高网络硬件设施和专业技术人员的水平，把消费者的信息保护好。另外，还要防止内部人员盗取信息，加强对员工的信息伦理道德教育。在有技术保障的情况下，还应加强信息伦理的建设，让电商企业和个人在讲伦理的意识下，形成网络的道德秩序。首先，在网络上要提出无害的原则，就是个人的行为无害于他人，无害于社会。其次是公平的原则。在网络上的交易是一种受法律保护的交易方式，交易的双方是平等的，应公平地进行商务往来。再次，可持续发展的原则。网络的发展是人类智慧的体现，使工作效率大幅提高，人们都应维护好网络的发展，让其可持续地发展。最后是自主与自律的原则。每个人都应以伦理价值为导向，有道德地使用网络[①]。加强信息伦理建设，要在全社会建立一种信用体系和诚信体系，让失信者无立锥之地；加强网络监管，惩治网络犯罪行为；加快构建有关信息的法律法规，让执行者有法可依；树立全民的信息使用规范。

（四）环境与社会责任

环境问题成为当今最热门的话题，越来越受到人们的重视。电商企业在经营与生产过程中应符合人们绿色消费的理念，切实做好对环境的保护工作。另外，还要利用网络平台的优势，大力开发绿

① 李云清. 电子商务环境下信息伦理问题及应对策略探讨［J］. 生产力研究，2006（11）.

色产品，在节能减耗、无毒无害、绿色环保的基础上为消费者提供好的产品。

企业诞生在社会中并长期与社会共同发展，所以，在发展中应尽其社会的责任。电子商务企业在快速发展中越来越具有影响力。电商企业应合理运用自身的影响力，在社会上发挥积极的效应。社会责任可以分为四个层次：第一个层次是法律责任。每个企业都应遵循法律法规，合法合规地经营。第二个层次是经济责任，企业应该为消费者和社会创造出更大的价值。第三个层次是伦理责任，企业的行为要符合伦理要求，在社会上发挥积极效应。第四个层次是慈善责任。这是一种回馈社会的责任，企业应利用其社会影响力和经济力量发挥公益的效用。企业发挥社会责任可以提高企业本身的声誉。声誉是企业无形的资产，良好的声誉是难以量化的，会为企业带来更好的效益。履行社会责任和企业获得良好的效益是相辅相成的，互相影响、互相发挥作用。企业履行社会责任当然会受到社会的赞同，但是，企业履行社会责任的同时要注重限度的问题。企业是以经营为目的的，所以，要给利益相关者创造更大的价值，如果过度地承担社会责任，使企业入不敷出，不仅对企业自身不力，而且会伤害利益相关者的利益，对社会也造成一种不好的示范。合理地承担社会责任，适度地回馈社会，是人们所倡导的正确的伦理观。

电子商务企业的快速发展成为人们关注的焦点，在发展过程中的企业伦理问题已经成为不可忽视的重要问题，也成为对电子商务企业进行价值评价的重点。建构合理的、符合主流价值观的企业伦理文化，培养讲诚信的领导者和员工，进行符合伦理道德的营销与运营，积极地履行社会责任，是未来电子商务内部建设的重点，是电子商务走出区域发展、迈向全球的道德基石。另外，电商企业作为社会的一部分，应当积极地履行社会责任，在一些经营的环节上强调非利润至上的道德性以及公众性[①]。

第二节　经济发展的价值评价

电子商务的发展对经济造成了重大的影响，促进了市场经济的繁荣，特别是对生产力的提高和跃进式发展提供了有效的帮助。但是，评价电子商务对经济发展的作用是一件复杂的事情，既要合理地、理性地认识电子商务和经济自由与平等、公平与效率之间的关系，又要以经济的公正性为所有经济活动的前提条件，建构出符合经济发展和社会主流意识的价值评价体系。参与经济发展的实践过程同客观的价值标准有着本质的联系，可以说，电子商务的实践是评价标准的出发点和归宿。

一、电子商务经济和生产力的跨越式发展

生产力作为经济的基础，决定着社会经济的状态。生产力提高的程度决定了电子商务在经济领域的地位，是评价电子商务最基本的标准，也是评价电子商务发展的首要因素。生产力的提高是实践中的问题，合理、有效地提高生产力，是社会的普遍需求，也是电子商务的价值体现。电子商务在促进生产力发展的同时，还可以带动其他产业的转型升级，实现生产力的跨越式发展，提升人们的价值需求和价值标准，也可以为社会带来更多的价值创造，为电子商务的全面发展提供动力。

① 李萍. 作为社会运动的企业社会责任论［J］. 北京行政学院学报，2011（4）.

（一）生产力的生成与发展

电子商务经济是知识经济时代的典型代表之一。知识经济时代的生产力不能再简单地总结为人类征服自然和改造自然的能力，随着时代的变化，人类掌握科学技术的水平也在不断地增长，特别是信息技术对于人类来说，无论是从生产方式还是生产关系上都发生了重大的改变，对生产力的理解也要与时俱进。鲁品越（2000）认为“知识经济时代的生产力应当是社会解决其所要面临的经济活动的基本矛盾的技术性能力①”。在这里，基本矛盾应当是主体的利益目的和客观资源的矛盾。在生产力发展过程中，矛盾的双方都为其发展做出了贡献。在电商经济中。生产力矛盾双方之一的主体的利益目的包括电商企业的利益、员工的利益、顾客的利益等一系列利益相关者的利益。在客观资源中包括物质资源、物流配送资源和知识资源等。电子商务经济中的主体利益目的主要是利益相关者通过电子商务的经济模式可以方便地实现商务活动，在无障碍的交流沟通中获得经济利益的最大化，提高经济运行的效率，利益相关者也可以获得一定的解放。在利益相关者的利益目的前，知识的运用和科技的创新是生产力发展的动力源泉，人们通过创新，不断地开发知识资源，提高生产运作效率。同样，客观资源不仅是原先的物质资源，还包括有形资源与无形资源，电子商务经济促使有形资源的快速流转，也加快了无形资源的积累与创造。在无形资源中，知识资源是最宝贵的资源形式，合理地运用知识是生产力提高的表现。我们可以看到，电子商务经营的边界越来越宽泛，技术的创新速度也在加快，未来电子商务经济的生产力发展还具有很大的潜力。电商经济生产力的潜力还表现在随着电商经济的快速发展，电子商务

① 鲁品越. 知识经济时代与生产力理论的重构［J］. 教学与研究，2000（9）.

边界的扩大，同时带动了生产要素的发展。另外，随着电商经济在实践中的普及，所产生的实践效果和对全社会经济发展的贡献越来越突出，在实践中不断地修正和提高，使主体利益目的和客观资源的矛盾运动更加频繁和有序。

（二）电子商务经济对生产力跨越式发展的贡献

电子商务经济不仅促进了生产力的发展，而且促使了生产力的跨域式发展。生产力跨越式发展是生产力发展的一种形式，而且还具有一定的规律性。叶险明（2002）认为，生产力跨越式发展要有“世界历史的眼光”，而且还要具备五项历史条件：“一是生产力跨越式发展的主体是保持独立的民族或国家；二是社会生产、交往进入发达时代；三是真正意义上的国际市场已经形成；四是原有的生产力成果能够全部保存下来；五是生产力的发展具有明显的层次性和阶段性[①]”。可以说，电子商务经济对于我国现阶段生产力跨越式的发展起到了促进作用，其发展的模式和机遇符合这五项历史条件。

一是电商经济在我国经济中占有重要的地位，而且所占比例越来越高，代表了一种经济方式。二是现阶段我国的经济规模已达到世界第二位，贸易进出口总量占世界第一位，在开放的社会里社会生产和交往进入了发达的时代。三是全球化经济的推进和电子商务的发展，促进了我国国际市场的形成，我国电子商务交易量也已是世界第一位。四是电子商务经济的发展促进了工业经济的发展，促进了信息经济的发展。五是电子商务经济对生产力的发展是在矛盾运动中不断发展的，电子商务也从无到有，从小到大，具有明显的

① 叶险明. 关于生产力跨越式发展的世界历史思考［J］. 中国人民大学学报，2002（2）.

层次性和阶段性。电子商务经济对生产力的发展完全符合我国现阶段生产力跨越式发展的要素，对生产力跨越式发展提供了支持。快速发展的电子商务经济虽然可以促进我国生产力跨越式发展，但还需要明确一点，即电子商务经济快速发展不等于能够促进生产力跨越式发展，这是一个辩证性的问题。快速发展还要看其发展的质量，简单、粗暴的发展不是跨越式发展，我们在发展电商经济的时候重点是要质量和内涵的发展，发挥知识经济和创新的作用，让电子商务经济具有可持续发展性，可以使主体得到解放，使客观资源得到高效地运用，这样的电子商务经济才可以促进我国生产力的跨越式发展。

（三）生产力跨越式发展的特点

电子商务发源于信息社会的建设，电子商务经济也与信息产业有着密切的联系。生产力跨越式发展是从后发展国家通过总结先进国家生产力发展的经验，重新规划自身的发展途径，从而进行的跨越式发展。电子商务经济促进了信息产业的发展，信息产业又促使我国工业化转型升级，与世界工业强国在新的平台上进行竞争。换句话说，信息产业将我国工业化推到信息化平台，参与世界的竞争。工业进行信息化生产，提高了产能和效率，也促进了电子商务的发展。电子商务、信息产业、工业化生产三者相辅相成，互相促进，在矛盾的运动中发展前进，在实践中认识并改造原有发展模式，促使我国工业的产业升级，促使信息产业高效能发展，促使电子商务经济蓬勃发展。生产力跨越式发展另一个重要的特点就是要不断地创新，改变原有的范式。电子商务经济的核心生产力也是创新，在激烈的竞争环境中掌握了创新能力的企业才能创造出更好的产品以适应利益相关者的喜好，能够通过创新研发出新的技术，提高生产效率和服务水平，这样的创新才能更好地推进生产力的发展。当然，创新不是简单地模仿人家的产品或服务，而是要在开放的平台上能够经得起消费者考验的创新。

（四）电子商务经济对生产力发展的社会意义

电子商务经济促进了生产力的发展，并且还有助于我国生产力跨越式发展，其发展形势对社会有着重大的意义。首先，是全社会对知识的重视，特别是对信息知识的重视。电子商务是以互联网为基础而产生的，以互联网为主的信息化知识在社会上得到了普遍的应用，并且信息化的边界还在不断地扩大。电子商务经济的发展需要全社会对信息知识的重视，并加以实践，无论是研发团队、营销团队，或是生产者、物流配送者，以至于消费者都需要较好的信息知识。原先对信息产品比较抵触的人群在电子商务的浪潮下，其对信息知识和信息技术的实践能力也在不断地提高，全民的信息素养和信息检索能力也在发生着深刻的变化。这种变化对于全社会的信息化和知识的创新都会产生难以估计的正效应。其次，电子商务经济于生产力发展的影响使管理者更加重视利益相关者的利益和客观资源的使用效率，从而更加重视管理的质量，逐渐改变管理的模式，使其适应信息化的模式，能够更好地营造创新的环境，同时更加重视以大数据的使用和开发为主的新资源的运用。在改变管理模式中包含了对于沟通模式的改变，使管理变得更加开放和民主，有效地遏制了领导者价值的独断，使创新更有效率。

二、电子商务经济中的自由与平等

经济的自由与平等是现代人类从事经济活动的重大实践问题，也是评价经济活动的重要标准。没有绝对的自由，也没有绝对的平等，而是在矛盾的运动中而逐渐形成，有利于整体经济发展的自由与平等。

（一）经济自由的内涵与限度

经济自由的概念及本质一直广受经济学家、政治学家、哲学家的重视，人们都希望获得经济自由，但每个人对经济自由又有着不同的理解。1979 年，诺贝尔经济学奖获得者刘易斯（Lewis，1954）认为“经济自由包括个人改变其社会地位或职业的自由；使用各种生产要素并将其结合起来，以增加产出或降低成本的自由；进入某些行业，并与该行业已经存在的其他人竞争的自由[①]”。北京大学王海明（2007）教授认为“经济自由就是每个人从事经济活动——生产、分配、交换和消费——的自由，就是每个人没有外在强制从而能够按照自己的意志进行的经济活动[②]”。中国人民大学刘敬鲁（2008）教授认为“经济自由是与经济不自由相对而言的，指的是市场经济所蕴含的自由，即任何一种微观经济行为主体在统一、公平的经济生活规则下选择经济行为的竞争自由[③]”。从这些表述来看，经济自由应有三项基本的条件：第一，主体在经济活动中有统一的规则；第二，主体可以参与自由的竞争；第三，主体有参与经济活动的自由和退出经济活动的自由。电子商务经济从运行规律上观察是基本符合经济自由的各项条件的。首先，电子商务的交易双方是在统一的规则下，在不可抵赖的原则下进行商务往来的，在资金运转方面一般接受第三方的监督。其次，以互联网为基础发展起来的电子商务，赋予市场更为广泛的空间，在经济运作中以市场经

① 刘易斯. 经济增长理论［M］. 北京：机械工业出版社，2015.

② 王海明. 论经济自由原则［J］. 齐鲁学刊，2007（3）.

③ 刘敬鲁. 经济哲学［M］. 北京：中国人民大学出版社，2008.

济为导向，参与自由的商品竞争。再次，交易的主体具有一定的自由性，且电子商务的准入门槛和退出门槛相对较低，赋予经济主体更大的自由。电子商务经济的自由具有一定的社会意义，可以有效地进行资源的配置，在互联网平台上将资源（包含有形资源和无形资源）可以合理地进行分配，进一步打破资源垄断，发挥资源的效率；电子商务的经济自由，成功地推动了市场的繁荣，双方在统一的规则和透明的商场环境下进行交易，给交易双方更大的自由；另外，还可以提高人的主观能动性，激发人的创新意识，能够有效地将新技术运用于实践。

经济的自由是一个动态发展的过程，并不是静态不变的；经济自由是一种有限的自由状态，只有有限的自由才能保证经济活动参与者的最大的自由；经济自由是在一定历史条件下和环境下的自由状态，每个时期的自由都有所不同。经济自由的限度主要有两个方面：一是经济的相对平等，二是有利于社会整体的发展[①]。经济相对的平等主要指规则的统一和竞争的有序。电子商务在发展中有基本统一的商务规则，但是，我国的电子商务法的建设还相对缓慢，从近期的电商纠纷就可以看出，快速推进电子商务法的建设是有利于我国电子商务的发展和促进电子商务经济自由的。先期发展起来的电商企业有的在市场竞争的环境中处于垄断地位，垄断是经济自由的对立面，从电商经济的规模可以看出，每个行业排名第一和第二的企业的市场占有率是非常高的，有的甚至超过 90%。这么高的市场占有率并不利于经济的发展，需要政府有效地监管和保护中小电商，促使整个电子商务经济有序发展。快速发展的电子商务经济一定要符合社会整体的发展，促进和谐社会的形成，一些不符合商务

① 刘敬鲁. 经济哲学［M］. 北京：中国人民大学出版社，2008.

伦理和道德的电商企业要被市场和政府清理出电商队伍，这样才可使电子商务经济自由的发展。当然，经济自由的发展是社会整体发展的一部分，在经济自由发展的同时也要保证社会的公平与正义。

（二）电子商务经济平等的内涵和条件

经济自由是相对经济不自由而言的，经济平等也是相对于经济不平等而言的，在现实的经济活动中，并没有绝对的经济自由，也没有绝对的经济平等，只有相对的经济自由和相对的经济平等。相对的经济平等主要是指经济活动的主体相对平等，经济活动的规则相对平等，以及经济活动的结果相对平等。经济活动的主体平等指的是生产者、经营者、消费者之间，也包括生产者之间、经营者之间和消费者之间，主要是一种关系的平等。电子商务是以网络为主的经营模式，网络空间的相对平等性可以延伸到电子商务之中，可以保证经济活动的主体之间关系的相对平等，而这种主体性的相对平等比传统的经济活动的相对平等性要具有一定的优势。在主体相对平等的条件下，可以有效地促使经济活动中机会的平等和发展的平等。在经济活动中，竞争主体虽说实力各有不同，但在广阔的互联网中还是可以生存并发展的，经济活动执行的规则基本相似，可以保证一定的平等性。另外，在电子商务经济中，经济结果基本平等，商家通过辛勤劳动，在合法的经营下是可以收到比较公平的分配结果，电商企业还非常重视知识经济和创新发展，重视创造性的劳动。从总体上看，电子商务经济具备一定的经济平等性，能够有效地促进经济平等和社会平等。

另外，经济的相对平等是在一定的条件下进行的。首先，经济活动比较频繁，人们的生活水平比较高。现阶段我国随着经济的快速发展，物质生活极大丰富，电商经济的发展不仅可以促进实体商务的往来，还可以促进人们的消费，丰富人们的生活。其次，人们的价值观中有平等的观念，人们有着勤劳致富的价值观。再次，有着合理的分配机制。我国一直实行按劳分配的机制，电商经济又让各阶层的人们看到了勤劳致富的道路，还特别鼓励知识的创新与实践。可以说，从经济平等的角度来看，电商经济基本符合现阶段人们的价值观和平等的观念。

（三）电子商务经济自由与平等的动态发展与矛盾运动

经济自由与经济平等都是人们所追求的一种理想的经济状态，但是，二者本身具有对立性和统一性，是相互制约、相互作用的。在不同的历史时期和不同的经济、政治、社会、文化的背景下，人们的经济目标也有所不同，或经济自由优先，或经济平等优先。经济自由和经济平等或互相抑制，进行零和博弈；或互相牵制，发展乏力；或互相促进，在矛盾的过程中发展前进。电子商务经济力争追求经济自由和经济平等的互相促进，共同发展的状态。当然，互相促进的同时也要互相监督、互相合理制约。电子商务经济自由和经济平等的统一性在于参与经济活动的主体必须是自由地、自愿地从事经济活动，主体间是一种平等的互相尊重的关系；必须有统一的经营规则和法律法规；必须有合理的分配机制，能够促进创造性劳动的自由发展。在电子商务经济中，过度的经济自由，缺乏经济平等的限制容易造成垄断的发生，并对创造性劳动进行破坏，也容易造成社会阶层的分化。过度地追求经济平等，忽视经济自由，容易造成竞争精神的缺失和政府的过渡干预，使经济丧失活力，对创造性劳动造成破坏。经济自由和经济平等需要在矛盾的运动中找到均衡发展的状态，相互之间互相促进、监督、发展，使经济既有活力，又不失平等的精神。

从政治、经济、文化、社会的各个角度来看，我国都比较适合追求经济自由与平等的均衡发展。在政治上，国家鼓励创新创业，鼓励小微企业的发展，对个人的发展提供各项政策上的支持，并且适当地干预电商市场，对之进行有效监督和消费者保护。在经济上，我国的经济呈现出一种新常态，在稳定的区间运行和发展。在文化上，我们经营秉持中庸之道，中庸之道本身就具有自由和平等的观念。在社会上，个人的追求得到了广泛的尊重，全民的利益得到了重视。当然，追求经济自由和经济平等的过程也有不足的地方，例如，有些违反伦理道德的事情并没有受到处罚，电子商务的法制建设有待加强，这些都是以后电子商务经济要重点改善的地方。这样才能使电子商务经济在法治的约束下，伦理道德的价值指引下，规范发展、和谐发展。

三、电子商务经济中的公平与效率

电子商务经济在发展过程中的公平与效率是一个热点问题。人们在追求快速积累财富的同时，都希望能够获得更加公平的待遇。但是，公平与效率并不完全都是财富的创造与分配的问题，这其中还包括人的价值的体现及人们对评价标准的问题。由于参与实践活动的主体不同，每个主体对公平与效率的认同又不尽相同，同样存在着价值标准的多元性。个人的权利与义务、道德与利益间均存在着矛盾性，也存在着社会性和个体性之间的矛盾。但是，我们不可否认，经济活动的所有前提都是经济活动的正义性。

（一）公平与效率的前提——经济的正义性

经济活动的正义性是所有经济活动的前提，在电商经济中也不例外。经济的正义是指人们在经济活动中的每一个步骤和结果都符合法律规定，符合社会主流的价值伦理。经济的正义性也是社会正义性的一种体现。电子商务经济的正义性具体表现在电商经济活动中的生产、分配、流通、消费等环节，每一个环节都需要符合企业的伦理价值和法律法规。首先，在生产过程中，产品的质量符合标准，且与广告宣传保持一致。因为电子商务的成本较低，在生产环节中存在着网上销售的产品质量与实体商店销售的产品质量的不一致性，这种不一致性不仅损害了消费者的利益，也对产业的发展造成不利的影响，这种在网上销售以次充好的产品是经济不正义的表现。其次，分配环节的正义性主要是指财富的分配和机会的分配，是电子商务企业经营活动中的重点，在分配中要体现公平性，要按劳分配和按贡献分配，还要反对平均分配。再次，流通环节的正义性体现在流通中的企业能够按照企业的标准运送货物，快速、安全地将货物送到消费者手中。但是，现阶段存在着过多的商品在个人之间流通，达不到规模经济的效果，造成了包装的过度浪费，这种情况也是电商经济需要改进的地方。最后，消费的正义性是指在商家和消费者之间不可抵赖的交易，既要保护消费者权益，也要保护商家的合法利益。

经济活动的正义性是经济发展的前提，是经济保持活力的必要条件。保持经济的正义性不仅需要企业的伦理价值观和个人的道德标准，还需要在社会上营造一种正义性的氛围，需要有健全的法律和政府的正确引导，还需要有制度的保障，保障符合经济正义的活动可以顺利开展，惩罚不正义的经济活动。当然，人们的经济活动在不断地发展和变化，随着时间的推移，经济活动的正义性也是在随之变化的，经济的正义性要在动态的经济活动中不断地调整，以适应经济的发展和人们的长远利益，因此，我们要用发展的眼光来看待经济的正义性。

（二）电子商务经济中的公平与效率

在公平与效率的问题上，有些人认为公平与效率是完全对立的，是一种零和博弈的模式，追求公平必然会丧失效率，追求效率必然会丧失公平，此消彼长。其实，经济活动中的公平与效率是一对对立统一的矛盾体。过分地追求效率而抛弃公平，可能会在短期内造成经济的快速增长，却会破坏经济活动的正义性，造成垄断和寡头经济模式，最终影响经济的发展。过分地追求公平而放弃效率，会造成绝对平均主义，会抑制经济的发展，会让个人丧失创造力。在经济活动中，公平与效率是可以做到相互促进、相互统一的。经济的公平性将会促进经济效率的增长，经济的公平使个人可以有平等的机会参与经济活动，可以激发个人的创造力和进取精神，而人的创造力和进取精神是提高经济效率的前提，可以使人有效地分配资源，提高生产力。同样，经济效率的提高将会有助于经济公平的实现。只有在经济效率提高、资源合理分配的前提下，人才会有更多的发展机会，才会得到更多的经济利润。

电子商务经济对中国经济的发展有着深远的影响，并使中国经济的结构发生了改变。计算机与互联网的高效性使电子商务的贸易交往、物流服务、金融投资、企业运营、市场营销、企业信息化建设的各个方面受到影响，与传统的经济模式和管理模式相比，效率得到了大幅的提高。电子商务经济又因其参与门槛相对较低，人人皆可参与，既可以作为商家，也可以作为消费者，其公平性也得到了一定的体现。分析电子商务经济的公平与效率，要看电子商务参与经济活动中的生产、分配、配送、消费等相关环节受影响的程度。首先，电子商务经济对生产的影响。在生产环节，电子商务可以实现个性化生产和订单式生产，可以减少库存，为消费者打造独特的产品。另外，电子商务为中小企业提供了商务往来的平台，降低了中小企业与大企业竞争的门槛，激发了中小企业的创造力，能够在一定程度上弥补中小企业规模经济的短板。其次，电子商务经济对分配的影响。分配包含经济利益和资源的分配。电子商务经济通过互联网实现互联互通，资源可以在空间内得到有效地分配，互联网上信息的对等性也促进了资源的再分配，资源的再分配是一种公平的体现，也是效率的体现。电子商务经济是人人皆可参与的经济模式，有着较低的门槛，让个体的参与度大幅提高，在经济利益上可以得到一定的体现，也可以让创新的产品得以展示，创新型人才能够脱颖而出。再次，电子商务经济对物流配送的影响。电子商务经济的快速发展促进了物流业的发展，信息化物流技术得以广泛应用，让配送更加安全、及时。但是，在物流业快速发展的同时，我们也看到小包裹的运送造成包装材料的大量浪费，循环再生利用是物流业未来发展的重点。最后，电子商务经济对消费者来说可以跨越信息的鸿沟，扩大了电子商务经营的范围，消费者足不出户，就可以购买到世界各地的商品。商家与消费者间点对点的销售对接提高了产品的流通，减少了顾客寻找商品的时间，促进了商品的流通，增强了市场的活力。但是，电商经济在追求公平与效率的同时，也存在需要完善的方面，例如，大型电商平台在营销过程中为了追求营销的效果和产品流通的效率，将很多东西强加于个体商家，这样就有损于经济的公平性。

在经济的发展过程中，人们关注的热点主要集中在财富的积累与分配上。但是，生产力的快速提高或者其跨越式的发展和人们对经济的自由与平等、公平与效率的问题，不仅局限于经济领域，还有更深层次的领域，也就是关注人的价值最大化的问题。价值评价的标准也应与人的价值体现作为衡量标准。从促进人的自由发展与享有平等发展机会的角度来看，真正的公平会产生合理的效率，同样，合理的效率必然离不开真正的公平[①]。总之，自由与平等、公平与效率是辩证、对立统一的，又是相互作用、相互补充的。

第三节 政府的责任

政府在电子商务的管理中要发挥好监督的职能，合理地引导电子商务的发展，还要加强自身的信息化建设和促进电子商务发展的基础设施建设，合理地运用自身的权利与责任。

一、政府的权利与责任

电子商务对我国经济的发展起到了明显的促进作用，在国际市场普遍疲软，很多产业效益下降的环境下，电子商务却能保持高度的增长。我国参与电子商务的从业人数较多，电子商务解决了大量的人员就业问题。另外，电子商务还为国家提供了大量的税收。从普遍联系发展的角度来看，电子商务不仅只繁荣了自身，也带动了周边产业的竞争，给市场以明确的信号，使人们恢复了消费的欲望，而且电子商务的强势增长和人们消费观念的转变刺激了全民的创新热潮。各级政府从电子商务的发展中获得了很多收益，同样也要肩负起引领电子商务正确发展的责任，并非听之任之，而是加大

① 贺汉魂，王泽应. 效率与公平的价值内涵及其关系新论［J］. 哲学动态，2010（3）.

各种设施的建设，使电子商务和谐、稳定地发展。

首先，政府要加大基础设施的建设，不仅包括道路、铁路、港口等交通基础设施的建设，还要加大对互联网、移动互联网等网络基础设施的建设。电子商务诞生于网络世界，平稳、快速、价格低廉的网络是促进电子商务发展的前提，高新技术在互联网世界的应用同样提高了人们的创新激情。另外，除了网络设施的建设，物流业的发展也需要政府加大对交通基础设施的建设，特别是偏远地区。

其次，政府需要加大监管的力度。对于那些使用不道德的手段竞争的企业和破坏电商发展环境的企业，政府要加大执法的力度。电子商务的快速发展让监管者也感受到很大的压力。政府需要深入电商企业中，但不能干扰企业的正常运营，了解电商发展的规律，积极、主动地寻找监管的漏洞，打击垄断和不正当竞争的企业，加强对消费者的保护，对于突出的消费问题要进行集中地治理与整顿。

再次，电子商务法的建设和规则的统一。我国电子商务的快速发展超出了许多人的意料，与电子商务快速发展不相匹配的是电子商务法的建设相对缓慢。电子商务法在制定上要保持媒介中立原则和技术中立原则。媒介中立原则就是利用新媒介给电子商务合法地位和合法性，技术中立原则就是要以非歧视的原则来解决矛盾双方的冲突。电子商务是在信息技术发展的基础上形成的，电子商务的立法可以解决信息技术在电子商务应用中所带来的特殊的问题，减少交易间的风险性。另外，电子商务法的建设和其他法律一样，都是追寻公平与效率，要在法律上合理分配主体的权利与义务和相关责任。电子商务法的建设和完善及其电子商务经营规则的统一，能够为市场建立一套规范的程序，能够保护各主体的基本权益，能够更好地发挥市场的作用，繁荣市场经济，促进电子商务的创新和发展。

此外，政府在电子商务领域要具有引领的作用。政府要站在全球化的高度和打造国家竞争优势的角度，引领电子商务合理、有序地发展，充分发挥供给侧改革的优势，推动电子商务的改革创新。电子商务的快速发展导致许多经济问题被忽略了，政府需要认真对待电子商务经济在发展中的问题，譬如产业结构的不合理，部分产品的附加值低等。现在不是总需求不足，而是产业的结构不能满足需求结构的变化所带来的挑战[①]。政府要发挥正确的引领作用，引导电子商务产业的改革升级，促进其健康成长。政府在电子商务的发展上还要引领社会价值观。电子商务产品不仅包含物质产品，也包括大量的精神产品。政府作为监管者和引领者，需要引导人们在精神产品上的正确消费观念，加强对知识产权的保护，尊重知识带来的效益。

最后，政府也要加强自身的信息化建设，推进电子政务的改革。电子商务的发展使人们的消费方式和生活方式发生了转变，人们已经习惯了网络世界的高效与便捷。政府也应顺势而为，加强自身的信息化水平。通过电子政务推进政府的管理方式和服务方式的升级，整合社会的信息资源，方便百姓的生活，并节约大量的行政成本，提高办事的效率。

总之，政府要负起自身的责任，为市场的繁荣和经济的发展做出贡献，并且通过电子政务的发展，推动自身的改革和创新，更好

① 吴敬琏，等. 供给侧改革：经济转型重塑中国布局［M］. 北京：中国文史出版社，2016.

地为百姓服务。

二、从社会发展的角度看电子商务扶贫

电子商务的发展不仅繁荣了经济，而且也促进了社会的发展。电子商务的发展不仅在经济领域，而且也通过其对弱势群体的帮扶，促进了社会的发展，是一种创造性的社会活动。

电子商务的扶贫为人的全面发展和社会的和谐发展提供了一种新的方式。电子商务能够为贫困地区的人民带来新的就业模式，促进当地经济的发展，并通过精准的扶贫方式，让政府的扶贫更有效，同时可以开拓当地人民的视野，使之加入全球化的市场之中。另外，农产品的数字化可以减少农民种植的盲目性和风险性，为农产品的生产和销售提供了平台。电子商务还可以帮助残疾人就业，有利于残疾人发挥自身的价值，为残疾人提供了发挥自己的舞台。电子商务还有利于我国边远少数民族地区的文化传播和经济发展。电子商务有利于少数民族地区的产品走向世界，有利于少数民族的文化在世界范围内传播。电子商务的扶贫项目不仅促进了生产力的发展，也促进了人们的社会交往，为构建和谐社会提供帮助，同时，还为教育的发展提供机遇，为基层医疗事业提供了共享的空间，为培养具有信息化素养的人才提供理想的平台。

电子商务不仅促进了人们的物质交流，还给人们带来了丰富的精神产品，丰富人的视野，人们可以通过电子商务接受远程的教育、医疗、培训、咨询等服务。可以说，电子商务为地区的发展储备了人才，为社会的发展提供了动力，为文化的传播提供了平台。

在电子商务发展的过程中，由于主体价值的多元性必然造成价值标准的不同和价值评价的多元性、不同的层次性。而对电子商务

进行价值评价，应以社会的总体评价为依据，以社会主流价值观为标准，也就是以“社会身份”和利益相关者为主体，对其进行价值评价。评价的标准，首先是法律体系和明文的规章制度，其次是社会的道德基础和指导原则，包括人们的世界观、价值观。在价值评价过程中，电子商务企业首先应该合法经营，建立自己的企业伦理文化，不断地促进生产力的发展，促进经济自由与平等、公平与效率的均衡，提倡经济活动的正义性。当然，政府在其中也应起到积极的作用，在监督与引导之下，大力发展信息化基础设施建设，推进政府信息化的进程，通过电子商务进行有效的扶贫工作，政府也应受到社会的监督与价值的评价。有效的价值评价可以指引电商企业的价值行为，引领人们的价值观念，为电子商务最终实现价值创造与价值实现提供了依据和行动的指南。

| 第五章 |

电子商务与我国重大战略的价值实现

电子商务现如今已经成为我国快速发展的产业模式之一，对经济的起到了明显的促进作用。从管理哲学视阈的角度进行研究，电子商务及其发展与我国重大战略的实施之间能够起到互相促进的作用，能够实现价值创造与价值实现。首先，从全球化的视角来看，电子商务促进了全球的物质和文化交流活动，同时与我国的“一带一路”倡议相契合。其次，电子商务的发展促进了大数据时代的发展，大数据已经成为生产力的体现。通过对大数据的利用也促进了我国制造业的升级改造，并对智能产业的发展起到辅助作用，最终与《中国制造 2025》战略相契合。电子商务与我国重大战略的结合是电子商务在实践中创造价值、享用价值、实现价值的重要途径。

第一节 电子商务和“一带一路”倡议

交往实践观是基于交往的社会发展视角对社会实践及社会生活变化来把握的实践观念或世界观，是马克思和恩格斯对全部历史发展和人类本质进行一次深刻揭示的一个哲学理论构想。全球化时代哲学的本质就是交往实践观[①]。电子商务在全球化时代哲学的视阈下不断拓展物质交往与文化交往的实践往来，并且在相互影响下共同发展。同时，电子商务与我国当前所提出的“一带一路”倡议构想，在交往与实践过程中达到了一定的战略契合，不仅促进了电子商务的发展，而且也为“一带一路”倡议的落实提供了有效的方法。从全球化实践出发，认识和理解电子商务的价值，在“一带一

① 贺金瑞. 全球化与交往实践［M］. 北京：人民出版社，2013.

路”倡议中实现电子商务的价值，创造价值与享受价值也成了电子商务对于社会的贡献，体现了自身价值的实现。

一、全球化背景下电子商务的多重角色及影响

全球化是人类历史发展的一个新的高度。在当今社会，任何一个人或组织都不可能游离于全球化之外。电子商务也不例外，而且电子商务在全球化的浪潮中起到了推动的作用，同时还扮演了多重的角色，在经济、政治、社会、文化、技术等方面均发挥着自身的优势和作用。

（一）全球化理论与背景

任何一个国家在现代化的进程中都不可能孤立地生存与发展，都需要融入世界的体系范畴之中，同时也都被融入世界的版图之中。全球化起始于经济领域，特指经济的全球化，但是，随着全球化的深入发展，逐渐进入政治、社会、文化、技术、教育等各个领域，可以说，全球化对个人、组织、国家的影响处处存在、时时存在。今天，全球化的理论研究者都公认马克思、恩格斯是全球化理论研究的先驱。马克思和恩格斯当时并没有提出全球化的概念，而是在《德意志意识形态》中首次提出了世界历史的理论。资本主义机器化大生产时代，将各个国家的“民族历史”逐渐转变为“世界历史”。而在世界历史中，事物是普遍联系并发展的。世界历史的理论也是马克思和恩格斯对人类社会发展的准确预见与深刻的把握[①]。首先，全球化的形成提高了生产力，细化了经济分工。人们从早先狭隘的纵向观察世界的角度，变为了更加宽泛的横向的视野。

① 贺金瑞. 全球化与交往实践［M］. 北京：人民出版社，2013.

经济运作模式由原先封闭的“民族经济”模式，转变为开放性的“世界经济”模式。全世界的经济体基本上都融入了世界分工的体系之中。其次，全球化是人类历史发展的客观规律，是人们交往和实践必然导致的结果。机器化大生产时代的大规模生产和世界贸易早已经深刻地影响全球经济的走向，在现代信息经济的浪潮下，经济的高效性更带动了全球化贸易的发展。人们的交流、沟通变得更加容易，贸易往来也变得更方便、快捷。再次，全球化的影响是全面的，由原先对经济为主体的单极性影响，走向了对社会发展的整体性影响。全球化不仅局限于经济领域，在全球化和物质、文化的影响下，政治领域、社会领域、文化领域等都存在着巨大的变化，都被全球化所影响，人们的生存方式也表现为多样性的特点。

要想实现全球化的发展，关键在于交往与实践的实现。交往与实践是主体对客体的把握，并最终影响主体的活动。通过交往与实践，站在全球化的高度，思考问题、分析问题，才能正确地为时代把脉，才能用世界的眼光来寻找发展的规律，才能找到发展的制高点。全球化理论本身具备鲜明的实践性特点，而实践离不开人们之间的物质交往和精神交往。电子商务的全球化同样需要交往实践观。

（二）电子商务在全球化中的多重角色

基于互联网技术和信息化技术发展起来的电子商务，本身就具备着全球化的特点。跨境电商的快速发展，更是将电子商务推到了时代的浪潮。全球化是划了一个时代，每一个国家和地区都深在全球化的网络之中，合作共赢也是全球化所追寻的目标，电子商务的普及与发展正好迎合了全球化的浪潮，为全球化的发展做出了贡献，也在全球化的过程中扮演着多重的角色。

首先，经济角色。全球化发展起始于经济领域，发展于经济领域，而电子商务本质是商业经营活动的一种模式，全球的物质产品通过电子商务的平台便捷、高效地流通、运转。电子商务放大了资本的流动，促进了金融业的发展。买全球、卖全球成了电子商务的真实写照。在全球化的背景下，外部环境深刻地影响着商务运营本身，而电子商务作为商务往来的重要形式，也在影响着全球化的进程。其次，政治与社会角色。由电子商务发展而来的社交媒体和自媒体平台，在当今社会中广泛影响着政治与社会的发展，是对政治与社会发展的一种有效的监督形式，促进了政治的民主和社会的公平。全球化作为人类历史进程的新高度，个人的权利得到了广泛的尊重，社交媒体的应运而生为个体权利的彰显提供了平台。再次，文化角色。电子商务在全球化运营中扮演着文化的传播者的角色。区域文化和民族文化可以在电子商务的平台上进行广泛地传播，为文化的多元性提供发展平台。当然，文化的传播也可能因为数字的鸿沟而发生变化，各个国家和民族应以电子商务为契机，以全球化为手段，促进本国的现代化发展，融入现代社会之中。最后是技术角色。信息技术在全球化的浪潮下快速发展，电子商务的崛起也促进了信息技术、网络安全技术、物流技术等方面的发展。

电子商务在全球化发展中扮演了多重角色，在全球化进程中发挥了自身的特色。当然，电子商务不仅影响了经济、政治、社会、文化、技术等方面，还对生态、教育、产业发展等方面产生全方位的影响。

（三）全球化对电子商务的重要影响

电子商务在全球化中扮演着多重角色，全球化对电子商务也是具有重要的影响。全球化作为整体的外部环境深深地影响着电子商务的发展，电子商务作为商务形式的一种与全球商务间是部分与整体之间的关系。全球的经济形势将影响电子商务的发展。全球化不仅打破了电子商务地域发展的关系，还打破了原有的时空关系，全球化和电子商务的发展，压缩了原有的贸易时空，使世界都在一个体系中，相互影响、相互制约、相互发展。全球化同时促进电子商务中虚拟与现实技术的发展，互联网技术让时空关系发生了变化，方便、及时的沟通模式使电子商务中虚拟技术和实物的贸易同时得到发展，人类的活动空间也相应地扩展，虚拟空间成了现实生活的补充。同时，网络也给人们的文化生活增添了乐趣，人们可以足不出户就可以身临其境地了解世界的文化和艺术。全球化理念可以促使电子商务对经济相对落后地区的发展，发挥后发的优势，使之赶超世界先进的水平。总之，电子商务的全球化为人类共同的发展搭建平台，为经济不发达地区的贸易往来提供了有效的改变方式。

二、电子商务对物质交往与文化交往的意义

在全球化进程中的电子商务使人们在进行物质交往实践时呈现了时空化和网络化的特点。当然，电子商务的全球化提高的不仅是贸易往来，还带动了文化的交往，使民族文化融入世界文化的发展之中，开放性的平台促进了世界间不同文化的传播与交流。

（一）物质交往的全球化实践

电子商务在全球化的实践过程中以物质的交往为主要形式之一。在全球化实践的过程中，物质交往的主体相对于单一国家或地区存在着一定的差别。在单一国家或地区中，电子商务交易的主体主要是个人对个人，个人对企业，企业对企业等形式；而在全球化的过程中，交易的主体发生了变化，不仅只有以上的形式，还可能

存在区域或区域联盟、国家或国家联盟作为实践的主体。从物质交往的角度来看，主体的变化使电子商务运营的复杂性得以增加，主体呈现了多层次、多结构、复合化的特点。在物质交往实践中，更加需要主体间有较深的了解，在双方的交往中，主体间的文化和法律法规在一定程度上要具有融合性，双方在平等的环境下进行友好协商，尊重彼此的价值诉求。在实践过程中，交往的主体间还要具备较强的主观能动性，通过主体主观能动性的影响，使客观的物质实践活动在全球范围内运作。主体的特性还呈现了开放性和动态性的特点，物质交往也更加复杂多变。

在全球化实践中的物质交往使实践的主体在更加广阔的空间和更深层次的物质交往中得到拓展。特别是电子商务的运营模式，使时间与空间的结构呈现了多维性的特点，压缩了时间和拓展了空间正是多维性的体现。在全球化的过程中，生产与交换的环节都发生了深刻的变化，电子商务本身的全球性特点在一定程度上还促进了这些变化的发展。首先，生产、经营、物流配送等商务往来环节不再局限于一个地方，在空间上呈现出多样化的特点，不同的商品采购的零件、配送的环节由不同的经营主体负责，服务也不局限于固定场所。其次，是去中心化。全球化中的电子商务产品体现了全球多元化的格局，跨国公司成了物质交往的主要力量，而跨国公司的资本、研发、生产、流通等环节是在不同的国家和区域内进行流转，实现资源的合理配置。跨境电商的贸易增强了这种无中心化的趋势。再次，是时间的延续性。在全球化的电子商务运营中，金融资本和服务性贸易不再局限于一个地方的作息安排，流通和交易变成全天 24 小时的模式，在任何地方和任何时间都可以进行物质交往。这种时间和空间的多维性，促进了物质交往和信息的流通、传播，加快了交往实践的过程，提高了知识的积累和运用。

在电子商务全球化实践的物质交往中还呈现出网络化的特点，网络化指的是交换过程中物流的网络化和互联网中的网络化。电子商务的物质产品通过物流系统进行运输，在运输中以各大港口、交通枢纽为节点构建出了庞大的全球物流网，物质产品在全球物流网中流通。而资金往来和商务洽谈也是通过互联网进行的。电子商务的全球化可以说是在全球物流网和互联网两大网络力量下发展壮大而成。时空化、网络化是电子商务在全球化物质交往实践中逐渐形成的特点，并促进了全球化的进程，提高了物质交往的频率与速度。

（二）文化交往的全球化实践

全球化是现代化进程中新的阶段，是一个极其复杂的历史过程。电子商务在全球化的浪潮下，不仅提高了物质交往的频率与速度，同时带动了文化交往的实践；不仅带动了全球经济的往来，使时空得到“压缩”，而且还使民族文化和世界文化在时空中得以交融。在全球化的背景下，世界的经济、政治、文化等方面都在互相依存、互相促进、互相联系。再次证明世界是普遍联系和发展的。在各个方面中，文化的交流在电子商务促进下取得了更加突出的成果。首先，在时间和空间多维性的全球化背景下，电子商务的文化交往实践突破了区域性、民族性的限制。在电子商务的推动下，各民族的文化产品得以在世界舞台上展示，文化的多样性在电商平台上得到了很好的呈现。其次，全球化中的电子商务促进了文化交往实践的进程，开放性的平台促进了文化的交流，促进了有着不同文化价值观的人的交往，对先进文化的传播、民族文化的继承起到了积极的作用，促进了文化的创新发展，促进了各个民族、国家间的文化交流，为文化的发展和创新提供了动力。

在文化交流的全球化实践中，文化教育的全球化进程更为明显。在以互联网为平台的大规模在线课程（简称 MOOC）近年来得到了快速的发展。MOOC 的发布者一般为世界知名的高校，世界各地的学习者只要通过互联网就可以在线学习世界著名大学的课程，不仅局限于一个国家，而且可以参与世界上大多数国家的优质课程的学习，并且学习者还可以通过网络进行互相交流与探讨，达到共同提高的目的。这种在线学习的模式促进了知识的传播。而交往实践中的主体也是由原先的个人、组织扩展为民族与国家，在保持自己民族与国家优秀的传统文化的过程中，接受世界先进的文化思想，使文化的交往实践不仅呈现多元性，还呈现出发展性。文化交往实践的发展也得益于物质交往的实践，进一步促进了物质的交往，物质交往实践与文化交往实践是相互作用、相互影响、相辅相成的关系。

（三）物质交往实践与文化交往实践的价值分析

在电子商务全球化过程中，物质交往实践中包含着文化交往实践，同样，文化交往实践中也包含着物质交往实践，物质交往实践和文化交往实践并不是孤立的存在，而是相互交织、互相依存的关系，也是互相影响、共同促进的关系。同样，物质和文化的交往实践具有民族性和区域性的特点，也具备全球性、国际性的特点。一个民族或一个国家在全球化的物质和文化的交往实践中属于部分与整体之间的关系，全球化正是由不同国家和民族通过不断的交往实践而形成的。在交往实践中，不能否认任何一个民族或国家为全球化所做出的贡献，同样，全球化需要所有民族与国家积极地参与，贡献自身的物质与文化产品。这就是物质和文化的交往实践中既存在统一性，也存在着多样性的特点。

电子商务的全球化拓宽了人们交往的时空，开辟了新的交往方式，网络间的互联互通提高了人们的沟通效率，也提高了民族地区的人们与世界沟通的能力。电子商务的全球化也促进了国际的大分工，使物质生产与交换之间具备了国际化的特点。电子商务的全球化还提高了生产力的发展水平，加速了生产方式的变革，促进了人类思维能力的提高，使人类的整体能力得到提高。有益的物质和文化交往实践同样可以为经济不发达地区带来追赶世界的动力，提高该民族和地区的经济、文化、社会等综合能力。当然，还要尊重各民族和国家的基本价值观，保持文明和文化的多样性，为文明和文化的共存提供平台。全球化也将会因文明和文化的和谐共存，多样发展而丰富多彩。

全球化发展的根本目的是人的自由、全面的发展[①]。电子商务在全球化的浪潮中可以促进人全面和自由地发展。在自由的网络平台上展示自我的能力，由人来把握全球化的进程和发展。为个人的全面发展和自我教育提供机会，为个人融入国际提供平台，使个人提高认识世界和参与实践的能力。人的全面、自由的发展必然带动民族和国家的全面发展，使其更具备国际的竞争能力，同样，具备国际竞争能力的民族和国家也必然会促进个人的全面发展。在物质和文化的交往实践中，电子商务扮演着重要的角色，有力地推动全球化的发展，提供民族和地区的竞争能力，提高人的自由和全面发展的能力。

三、交往实践中电子商务发展的合理性与矛盾性

全球化背景下，我国的电子商务在物质交往和文化交往的实践

① 邹文广，常晋芳. 全球化进程中的人［M］. 郑州：河南人民出版社，2011.

中具有一定的合理性，促进了国家的经济和文化的发展，并且通过独立自主的发展，摸索出了一条适合自身发展的道路。但是，除了其合理性，我们还要清晰地认识到交往实践中所存在的矛盾，既包括贸易保护之间的矛盾，也包括文化之间的冲突。合理地运用和避免矛盾的发生，是电子商务全球化经营的关键。当然，在全球化的过程中还要重视全球化视野的伦理价值观，使人们在平等的交往过程中构建商务的往来。

（一）交往实践的合理性

全球化背景下的电子商务的运作在物质交往实践和文化交往实践中具有一定的合理性，能够促进我国的经济发展和文化创新。中国作为世界上最大的发展中国家，在全球化的历程中必然要经历中西方在经济、文化等各方面的摩擦，合理地运用中国的后发优势，特别是借助电子商务的长足发展，为我国经济、文化的提升做出贡献。后发优势正是电子商务在全球化发展过程中最为明显的特征。在商务往来过程中，我国电子商务企业通过摸索和有效地避免发展过程中的弯路，通过资本的融合、技术的引进、人才的培养和自身创新能力的提高，逐渐走出了一条模仿——创新——超越的道路。可以说，我国现阶段的电子商务的规模与模式已经走在了世界的前列，而原先一些先进的国际电商企业也在模仿我国电商企业的发展之路。电子商务在全球化中的后发优势促进了我国电商企业生产力的发展，改善了商业经营的环境，更为可贵的是电商企业探索出的发展之路可以被我国其他行业所借鉴，全面推进我国的经济建设。

电子商务在全球化的进程中所走的模仿——创新——超越的道路，有其重要的经验可以被借鉴。首先，以我为主的独立自主的发展。对于发展中国家来说，全球化是一个追赶世界先进国家的机遇，每一个参与的国家或地区都需要不断地自我修正和自我更新，以推动自身的改革和产业升级[①]。从我国电子商务的发展可以看出其独立自主性，其保持了经济的独立性和文化的独立性。通过本地区、本民族间商务交往的不断更新和发展，在走出去的战略中也在不断地调整和改变。在坚持自我特色中，在确立发展的主体中，将商务往来变成了经济与文化融合的交往实践。其次，积极适应全球化的道路，拥抱全球化的进程。电子商务从诞生到发展以来，就摒弃了自我封闭的经营环境，例如，B2B、B2C、C2C 等模式都积极地参与到全球化的过程中，使我国的全球化水平得到迅速地提高和发展。

（二）交往实践的矛盾性

电子商务的全球化不仅体现出其合理性，还体现出其矛盾性的特点。电子商务全球化的主要矛盾首先是贸易政策的保护性，即地区经济与全球经济之间的矛盾；其次是在商务交往中文化的冲突性。电子商务在参与全球化的进程中，大大推进了全球经济的发展，提高了国家的生产力，促进了全球资源的有效配置，并且能够利用全球的资金和技术的优势探索出适合本国发展的模式，特别为发展中国家进行跨越式发展和推进现代化历程起到积极的作用。但是，全球化的发展对本国的经济也会产生不利的影响，例如，容易进一步拉大贫富间的差距。在电子商务参与全球化的过程中，随着国外具有较高性价比的产品大量地涌入，对本国的实体经济特别是薄弱的产业造成重大冲击。因此，如何保护民族经济也是人们必须要思考的问题。在这种矛盾的环境下，贸易保护

---

① 丰子义. 马克思主义社会发展理论研究［M］. 北京：北京师范大学出版社，2012.

政策相应而出，但贸易保护政策是把“双刃剑”，其后果可能有三种：一是本国市场和厂商能够获得国际上的优势，并转化为国家优势，而别国无所作为；二是所有的国家都进行贸易保护，这将导致没有一个企业可以在出口市场上获得优势，并实现规模优势；三是各国都不同意使用贸易保护的政策，所有的国家都比都保护时好[①]。在经济全球化的过程中，肯定会存在国际化和民族化之间的矛盾，既要保护好本民族的经济和人民利益，又要积极参与到全球化的进程，促进本国现代化水平的提高。这就需要有效地协调好和平衡好其中的矛盾，坚持以自我发展为主的道路和积极参与全球化之路，鼓励企业创新和生产力跨越式发展，坚决淘汰落后的经济发展模式。

另一种矛盾是在全球化进程中的文化间的冲突。特别是东西方文化的冲突，因为东西方文化的差异巨大，在电子商务交往中文化的融合与冲突在所难免。世界文化发展的总趋势是文化联系越来越紧密，同时，文化的分化也越来越多样和复杂，文化联系的规模和程度越来越深，文化分化得越来越精细[②]。这时，就需要尊重文化的多元性和对民族文化的保护，同时，注重传播我国的先进文化，让世人尊重我们的价值观，了解中华文化的博大精深。当然，无论是在物质交往实践中还是文化交往实践中，我们都要秉持“和而不同”的文化理念，尊重他国的文化传统和宗教信仰。在全球化的进程中，世界也会因文化的多样性而更加丰富多彩。

（三）全球化视阈下电子商务的伦理观

电子商务在全球化的浪潮下蓬勃发展，物质和文化的交往日益

---

① 克鲁格曼. 战略性贸易政策与新国际经济学［M］. 北京：中信出版社，2010.

② 李德顺. 精神家园：新文化论纲［M］. 哈尔滨：黑龙江教育出版社，2010.

频繁，在这个过程中，电子商务的各主体间需要建构具有全球化视野的伦理价值观。这种具有全球化视野的伦理价值观是电子商务企业运作中的价值基础。首先，需要建构一种平等的交往观念。在全球化的过程中，电子商务经营的主体呈现出多极性的特点，每个主体都需要具有平等交往的观念，都需要承认各主体间的利益，在平等的环境中对话、交往、洽谈及其处理贸易争端[①]。电子商务在全球化的过程中由原先面对的区域性的市场转而面对全球性的市场，各主体间需要尊重其他利益相关者的利益诉求和不同文化背景的主体需求。遇到问题时，各主体应友好地协商，不存在强势主体与弱势主体之分。可以说，平等的交往观念是一切交往的前提，是交易的首要因素。在平等的观念下才可以继续洽谈主体间的权利与义务、利益与风险等问题。

电子商务在全球化的进程中还应建立一种全球化的生态观。全球化扩展了人类交往的空间，缩短了人们交往的时间，将整个世界都纳入一个网络之中，任何个人、组织和国家都不可能在一个封闭的空间内发展和生存，人类社会正处于一体化的进程之中。在关联的世界中，在一体化的进程中，生态环境的影响越来越重要，人类生存的环境具有复杂性和系统性的特点，一旦影响了生态的平衡，将会造成人类生存系统的破坏。电子商务作为全球化中重要的商业运作模式，在交往实践中应该率先垂范，为建构全球性的生态观做出示范。在电商运作的平台上应倡导绿色的消费理念，将可持续发展、循环发展的理念和产品植入到经营之中，还应反对过度浪费。电子商务因其价格的优势，会造成人们购买产品和消费产品的过渡性，造成消费和运输环节中的浪费，这个是应该避免的。人们应该

① 贺金瑞. 全球化与交往实践［M］. 北京：人民出版社，2013.

建立起可持续发展和人与自然和谐发展的理念，每个人都应该为全球生态的改善做出应有的贡献。

四、电子商务与“一带一路”倡议的契合

“一带一路”是我国在历史新时期提出的合作共赢的倡议。电子商务的发展与“一带一路”倡议应达到了一种契合，“一带一路”倡议为电子商务未来的发展指明了道路，电子商务的发展为“一带一路”倡议的落实提供了方法。

（一）“一带一路”倡议的机遇与挑战[①]

“一带一路”是在新的历史时期和全球化的背景下，习近平主席提出的“丝绸之路经济带”和“21 世纪海上丝绸之路”的重大倡议，并得到了国际社会的高度关注和沿线国家的积极响应的政策。“一带一路”是促进国家间共同发展、合作共赢之路，是在全球化进程中的和平友谊交往之路。其对全球化的诸多问题的解决大有裨益，为低迷的世界经济注入了新的活力，不仅能够发挥全球化中一体化的建设，还能超越一体化本身，实现全球化的合作共赢。“一带一路”倡议使中国以更加开放的姿态和新的格局参与到世界的竞争之中。“一带一路”倡议还将提高我国的比较优势，全面提升我国的核心竞争力，推动我国的产业经济从低端走向高端，从人员密集型产业走向知识密集型产业，推动产能的优化和全球生态文明的建设。将中国的机遇变成世界的机遇，也将世界的机遇变成中国的机遇，为中华民族的伟大复兴和“中国梦”的实现而助力。

“一带一路”倡议的推进有利于我国的全面建设，也有利于沿线国家的发展，为世界经济的发展提供引擎。但是，我们需要客观

① 王义桅. “一带一路”机遇与挑战［M］. 北京：人民出版社，2015.

地面对“一带一路”倡议，在实施过程中机遇与挑战是并存的。我们所面对的机遇，首先是我们以其开放和包容的心态迎接“一带一路”的建设，为沿线国家和全世界的国家都提供了合作共生、合作共赢的机会，在世界面前展示了中国人民的自信。其次是为我国外交的展开再次提供了新的机遇，为我国的和平发展提供了有利的发展空间。再次是“一带一路”与我国西部大开发的战略可以有机地融合，大力发展我国的西部地区和沿线国家的基础设施建设和经济建设，为全人类的和平发展提供示范。最后是有利于我国的文化传播，增强我国的文化软实力，增强我国在世界舞台上的影响力，让悠久绵长的中华文化焕发生机。在“一带一路”的机遇面前，我们也要看到存在的风险，在建设过程中应有效地回避风险。首先面临的风险就是安全问题。“一带一路”沿线的大多数国家都是发展中国家，特别是还有很多国家处于战争的高风险中，我们应在发展中规避风险。另外，由于沿线国家众多，在文化和意识形态上存在着多样性，因此，我们还要注意规避经济风险、政治风险、道德风险等，这样才能真正实现“一带一路”沿线的共同发展，合作共赢。

（二）电子商务在“一带一路”倡议中的担当

随着人民生活水平的提高和互联网建设的发展，我国的电子商务呈现出快速增长的态势。在我国提出“一带一路”倡议之后，电子商务作为新兴的产业形态，可以发挥其本身的优势，还可以充分利用跨境商务往来的经验，大力发展我国“一带一路”的电子商务战略。电子商务也会推动“一带一路”倡议的实现。

首先，电子商务可以有效地推动“一带一路”沿线国家与地区的基础设施建设，特别是提高物流、信息流和资金流的效率。“一带一路”沿线国家大多是发展中国家，还有一些是经济欠发达地区，基础设施薄弱，信息化建设缺失。电子商务在该地区的发展能够有效地促进当地的经济建设，推动基础设施和信息化的建设，使该地区能够融入全球化的进程之中。“一带一路”沿线的城市大多也是重要的交通要道，电子商务的发展不仅能够促进当地包括铁路、公路、航运、航空等物流方面的发展，还可以促进信息化网络的建设，促进人们的沟通，促进金融资本的流动，繁荣世界经济。其次，促进“一带一路”沿线国家与地区的民族文化走向世界，在和平共处和合作共赢的前提下，使中华民族的传统文化和其他国家的文化进行广泛的交流，促进沿线国家的共同繁荣，深化区域性合作，促进国家之间的友好往来。再次，“一带一路”在电子商务的推动下能够为我国西部的开发助力，促进西部地区的基础设施、信息化设施的提高，使电子商务成为推动民族文化走出去的重要载体，为中华民族的整体复兴贡献自身的能量。

第二节 大数据思维下的电子商务

数据是客观存在的事物，在一定量的积累下，发挥了其质的飞跃，能够成为未来电子商务企业发展的重点，而大数据本身对企业核心价值的构筑具有明显的帮助作用。伴随着电子商务的快速发展，大数据在应用时出现了一些问题，特别是数据的滥用、个人数据的泄密和数据垄断等方面，为大数据的发展制造了障碍，需要电商企业重视和解决好大数据开发的问题。另外，大数据的发展有利于我国智能化产业的发展，特别是可以和《中国制造 2025》计划形成战略间的契合，有助于我国制造业的升级换代，有助于电子商务的价值实现。

一、电子商务与大数据

大数据是在电子商务快速发展中所形成的数据的积累，数据的作用也可以达到从量变到质变的飞跃。在大数据的思维下，数据本身具有了一定的商业价值，从数据的不确定性寻找到数据间的规律性和相关性，使电商企业能够为消费者提供更加精准的服务和个性化产品的推送，打造其核心竞争力。当然，在数据的开发和使用的过程中，还存在着数据的价值选择问题。由于数据使用者存在着多元性的特点，对数据的选择也必然存在着多元性的特点。不同数据的价值选择必然会影响价值的实现，而这种多样化的价值选择会带来多样化的价值创造，体现了大数据的自身价值。

（一）大数据的本质与特征

数据本身是客观存在的事物，是随着人类的进步而不断变化的，所记载的范畴也是在不断地增加。数据的积累可以说是人类文明的重要基石之一，人类通过对数据的积累、观察、演算等环节，最终寻求到规律，并将这些规律应用于科学技术和发明创造之中，推动人类向前发展。当然，数据不仅应用于科学技术，也渗透到生活中的方方面面。大数据概念的产生是在互联网特别是移动互联网大规模兴起之后，数据量呈指数级的增长。科学家和工程师发现，通过大数据间的关联可以提升计算机智能化的水平，并且可以影响科技创新，可以预测社会的发展，可以改变商业模式，等等。大数据越来越受到人们的重视，并得到不断地开发和利用。

在大数据的本质特征中，首先是“大”，也就是说要有大量的数据集合，突破原先的抽样数据并进行统计分析的模式，通过大量的数据寻找到数据间的相关性，再通过相关性的分析找到事物之间的联系和规律。第二个特征是数据的多维性。单一的数据集合，其规模再大也不能称之为大数据，因为大数据需要数据有多重维度的集合。通过对多重维度的大量数据的分析，可以找到看似无关维度的数据有机地联系在一起，然后通过对数据的挖掘、加工、整理、分析，最终探寻出事物发展的规律和趋势。例如在电子商务中，商家可以通过对数据的积累，分析出不同年龄的人的购物趋势。第三个特征是数据的时效性。在大数据时代，历史数据的积累固然重要，但数据是有衰减性，特别是在商业应用领域，及时、有效地分析数据，可以为商家占领先机提供非常重要的帮助，而且通过大数据可以有效地预测出社会发展的状况，对于改善公共服务能够提供有效的帮助。第四个特征是在线收集的特点。大数据的概念是在互联网的时代诞生的，数据的收集与积累同样需要借助互联网的平台。原先样本的收集和分析正在逐渐被大数据的在线收集所替代，在线收集的大量数据更具备随机性、真实性和大量性的特点，更具备便于统计分析、寻找规律的特点。

（二）数据从量变到质变和从不确定性到规律性

互联网的快速发展和移动互联技术的出现，使互联网平台上的在线数据激增。大数据时代的到来，改变着商业经营的方式，也改变着人们的思维模式，在商业和社会发展领域使用数据驱动的方式越来越多，而获得的成果也越来越明显。数据也由原先的客观记录，变为了改变世界的力量，大量多维、具有实效的数据的诞生使数据完成了从量变到质变的升华和转化。大数据的产生和利用使原先的人类智能逐渐升级到人工智能领域。而且，全世界各个领域的数据的积累与扩展，逐渐形成了交叉的数据分析模式，多维度的数据集合和分析将原先线性数据模式转变为网络交叉的数据模式，数据的应用与关联更加紧密与实用。

数据通过多维性的积累之后，通过量变达到质的升华，为电子商务的未来带来了新的增长点。数据在收集中，特别是个体的数据存在不确定性，这些不确定主要来源于世界的不确定和人的主观不确定性。世界越来越复杂多变，而人作为世界的主体也受到环境的影响或心理的影响而发生变化，数据分析的变量也越来越多，当今的数据分析其实已经无法通过简单的数学模型或变量分析就可以得出准确的结果，不确定的事件有可能改变事件的整个进程。数据的不确定性还有可能来自客观事物本身，客观事物因为环境的变化或外界的改变而对数据造成大的影响。数据的不确定性已经成为人们所共识的特点。而数据的不确定性正是对客观世界的准确描述，大数据的特点就是在海量的多维数据之中寻找事物发展的规律，并将其运用于实践、指导实践，在不可能的事件中寻找到可能的方法和相关的因素。大数据的开发和利用能够给电子商务带来大的利好[①]。特别是为电子商务的带来新的发展。首先，相关性的产品开发。通过大数据可以分析出产品之间的相关性，并且通过营销为顾客提供具有个性化的产品。通过对大数据的分析可以得出购买相同产品的顾客的潜在需求，并可定制个性化的产品推介，让顾客在浩如烟海的商品中快速寻找到自己需要的产品。其次，通过具有时效性的数据，分析出顾客的需求趋势，为市场开发和产品开发赢得先机，还可以改善仓储布局和物流系统，提高物流配送的效率。

① 吴军. 智能时代：大数据与智能革命重新定义未来［M］. 北京：中信出版社，2016.

（三）大数据与电子商务竞争力的打造

历史上有价值的商业变革都是跟用户的需求紧密相连的，而忽视用户需求的变革基本上都以失败而告终[①]。大数据的开发与使用之所以受到广大商家的重视，主要在于它是基于对用户需求的分析和使用。大数据的快速发展为电子商务企业提供的产品和服务从原先的同质化逐渐转变为个性化。通过对大数据的整理，分析出顾客的购买习惯、浏览记录、在线时间、消费方式等诸多因素，由此，电子商务企业就可以为顾客提供精准的服务。电子商务企业还可以通过对大数据的分析，提供良好的用户体验和快速便捷的物流系统，提供精准的营销手段，降低企业运营成本等[②]。可以说，大数据可以打造电子商务企业的核心竞争力。大数据的成功运用也使数据成了企业竞争的核心战略资源，谁掌握了数据的来源，谁就有可能赢得未来的商业竞争。电子商务企业要想获得大数据所赋予的竞争力，做到“低成本、高效率”地运营，需要通过大数据的分析方法，在运营的各个环节中压缩成本，并且提高效率。当然，今天我们不仅需要掌握数据，还需要掌握对数据的分析方法，以及提炼数据和分析数据的能力，保证自己的数据最准确，让数据真正可以发挥出核心竞争力的作用。大数据不仅改变着电子商务及其他商务运营的模式，而且也在深深地改变着社会发展的历程，通过大数据在卫生医疗、教育、社会工作、科学预测等诸多领域的开发和利，提高社会发展的水平，同时，还可以打造国家的核心竞争力，提升政府为社会服务的能力。

---

① 王坚. 在线［M］. 北京：中信出版社，2016.

② 吴晓波. 商战：电商时代［M］. 武汉：湖北教育出版社，2014.

二、大数据应用中的伦理价值

大数据的应用提高了电子商务的运营效率和精准度，为产业发展提供了支持，为价值创造和价值实现提供支持。但是，大数据的快速积累和应用同时也带来了伦理问题，也是价值标准的问题。首先是如何保护数据的安全和个人隐私不被泄露，其次是大数据的归属问题，从而造成了数据的垄断。可以说，大数据已经成为产业发展的一个动力，解决好数据的伦理问题，大数据的发展将会一帆风顺，企业也将会打造其核心竞争力；如果不能解决好数据伦理问题，大数据的发展将会遇到瓶颈，甚至阻碍产业的发展和价值的实现。

（一）数据安全与个人隐私问题

移动互联技术的广泛应用和社交平台的大量使用，不仅方便了人们的日常沟通和消费，但数据量快速积累，却造成了人们对于数据安全和个人数据信息泄露的担心，从而造成了人们对大数据产生信任危机。个人隐私的泄露是一个长久的话题，从住宅安全到个人信息，一直到现在以数据为重心的转变。信息社会的隐私权被定义为“个人控制、编辑、管理和删除关于他们自己的信息，并决定何时何地以何种方式公开这种信息的权利。”[①]当各种商家逐渐意识到大数据带来的好处时，更是有意的收集顾客的各种数据信息，并加以分析、利用。个人信息随着消费和社交的日益广泛，也逐渐被多种渠道记录。个人的隐私可以说正被商业化和社会化，而且还随着其他的数据流而不断地扩散。在巨大的商业利益驱使大数据的多维性和完备性等特点下，使原先碎片化的数据可以通过计算和分析，

① 涂子沛. 大数据：正在到来的数据革命，以及它如何改变政府、商业与我们的生活［M］. 桂林：广西师范大学出版社，2012.

还原出个人隐私的全貌，个人信息和个人的隐私基本上无处躲藏，而且相对于个人来说面对这种行为基本上是无能为力的。信息技术的发展和个人隐私上存在着明显的矛盾问题。这就需要不管是立法者，还是监管者都有义务保护消费者的个人隐私，对于损害个人利益的不法行为要予以法律的制裁。另外，数据还具有可循环利用和二次开发等特点，对个人信息和隐私泄露存在着巨大的挑战。在这些方面，不仅要求有法律制度对于个人隐私的保护，而且还要有一定的追溯机制。数据的使用者和开发者要承担相应的责任[①]，在进行数据分析和开发时需要具有安全的评估制度，评测此次数据的开发是否会对个人造成影响，要规避安全的隐患，并要承担相应的责任，受到社会的监督。

（二）数据垄断问题

大数据的利用与开发兴起于信息产业，因其数据具备大量性、多维性、时效性等特点，国际性的大型电子商务企业往往掌握了大量的数据，并能对之进行分析和使用。大型电子商务企业对于大数据具有一定的垄断性，这就需要这些企业负起相应的责任，保护和开发数据。我们知道，数据在收集、储存、分析时需要占用大量的资源，并非小型企业可为，但是，大型电商企业在数据的运用中应有其社会的示范效应，他们也要担负起社会的责任，通过对大数据的分析可以预测出公共卫生、教育、交通等方面的信息，需要与政府合作，同时政府也应将不涉及个人隐私和国家安全的信息向社会公之于众，因为信息的透明程度决定了社会进步的程度。信息的归宿不仅属于政府、大型企业，也属于社会的资源，人人创造数据，

---

① 舍恩伯格. 大数据时代：生活、工作与思维的大变革［M］. 杭州：浙江人民出版社，2013.

同时也应具有数据的使用权。目前，大数据的垄断问题对于我国一些电商企业来说还是比较严重的，个人用户由于信任电商平台的数据分析，而忽略其对数据有意的、人为的处理，造成了不同的数据分析结果，这样的结果对于个人来说同样是一种不公平的行为。打破数据的垄断或者客观、真实地评价数据的分析结果，对我国的大数据运用和电商企业的发展都将是大有禅益的。

三、电子商务大数据与《中国制造 2025》的战略契合

我国正在全力实现《中国制造 2025》战略，为中国的制造业参与未来的国际竞争。新一轮的工业革命是以信息技术和制造业深度的融合为基础的，以制造业进行数字化、网络化、智能化为核心的创造发展，建立在以物联网为基础上，结合新能源、新技术的突破为基础的产业革命[①]。《中国制造 2025》是国家的大战略，与美国的工业互联网和德国的工业 4.0 具有同等的战略价值，并且决定了中国未来在世界上的地位，是中国制造业的一次升级换代，也是一次革命性的创造。电子商务中创造的大数据正好与制造业进行的数字化、网络化、智能化的改革不谋而合，能够为制造业的产业升级提供帮助，大数据的预测功能还可以为中国制造的未来走向指明方向，同时与最新的供给侧的改革相辉映，都是中国战略升级的有力手段。大数据的发展也带动了电子商务的发展，为电子商务与中国制造业升级带来活力，带来创新点。我国的制造业也必将从加工代工型到技术模仿型，再到自主创新型，实现产业的转型和跨越式的发展。未来我国电子商务产品除了物美价廉之外，将会有更多的自主创新的具有国际竞争力的新型产品，不仅会繁荣经济，更多是为

① 吴晓波，等. 读懂中国制造 2025［M］. 北京：中信出版社，2015.

中华民族的伟大复兴提供实质性的产品和为人民带来坚定的信心。

一切价值都是人在实践中创造而来，也是人为了自己占有和享受这些价值而创造的，创造价值和占有、享受价值构成了实践的基本内容和基本环节[①]。电子商务的价值实现正是在价值创造和享受价值的过程中所得到的，实践是其最为重要的环节。电子商务参与到全球化的进程中，既是大势所趋，也是电子商务参与实践的内容。在物质流通和文化交流过程中，倡议产生了物质生产的作用也产生了精神生产的作用，同时为我国“一带一路”倡议的实现提供可靠的商业方法。电子商务的发展带来了大数据的发展，可以说大数据的利用与开发正是电子商务价值实现的一种表现形式。价值实现的过程促进了价值创造的效率，提高了生产力水平，为《中国制造2025》计划和智能化产业升级提供了帮助。

① 马俊峰. 马克思主义价值理论研究［M］. 北京：北京师范大学出版社，2012.

| 结　语 |

自由、开放、共享的商务时代

我们在管理哲学的研究中要站在马克思主义理论的方法与立场上，继承其精髓。当代管理哲学的发展也正是马克思主义哲学在中国化过程中的重要创新。马克思在《资本论》第一卷中强调："一切规模较大的直接社会活动或共同活动都或多或少的需要指挥，以协调个人的活动，并执行生产总体的运动。"①可见，管理对于社会发展的合理性和必要性。管理哲学要坚持马克思主义的观点，与时俱进，正视我国当代的重大管理问题，做出合理的解释与理论的阐明。在管理哲学的研究中同时要兼顾实践性和时代性的特征，必须立足于我国当代的深刻变化与发展的事实。电子商务及其快速地发展对人们的思维模式产生了深刻的影响，并对国家的经济发展起到了推动的作用。在电子商务快速发展的同时，未来的教育、医疗、农业、社会服务等各行各业都有可能被电子商务的模式所改变，创造出更加高效、便捷的商务模式和沟通方式。但是，电子商务在发展中显现的问题也必须得到重视，特别是商业伦理问题，将会制约电子商务的发展。同时，我们还看到了电子商务不仅使经济和人们的思维发生了改变，而且影响着全社会的发展。对于管理哲学视阈下的电子商务的研究，正符合了实践性与时代性的特点，是用管理哲学解决我国当代社会和经济发展中问题的一次有效的尝试。在研究过程中引入了马克思主义价值理论的观点，丰富了管理哲学研究的思路与方法。

首先，管理哲学视阈下的电子商务研究是一种实践性的研

① 中共中央马克思恩格斯列宁斯大林著作编译局. 马克思恩格斯选集［M］. 北京：人民出版社，2012.

究。马克思主义哲学最为关键的本质在于其实践性，实践不仅改造了世界，而且也在创造世界。实践之所以构成了社会生活的本质，是因为人与自然的关系、人与人的关系共生于实践之中，实践决定了社会生活，实践构成了社会发展的动力之源[①]。电子商务伴随着互联网而生，在我国人民的生活中起到了举足轻重的作用，逐渐成了人们生活的必需品。通过电子商务的充分发展，人们认识到了电子商务的本质及其特征，又通过其充分的展现来否定其原先的不合理的成分，转化为更加高级的形态，这种对于电子商务的认识是通过实践而获得的。电子商务的组织与人也是通过实践来不断地成熟与发展。其次，对电子商务进行管理哲学研究具备时代性的特点。电子商务是十几年才发展起来新兴的产物，但是，其迅猛的发展态势出乎了人们的意料，其在发展过程中遇到的许多问题都是前所未有的，需要站在时代的前沿进行认识和研究。而马克思主义哲学视阈下的管理哲学从来都不是因循守旧，而是在与时俱进中不断发展和理论创新，不断地审视其理论，不断地使之充实与完善，最终走出符合时代特点和具有中国特色的路线。在全球化视野下对我国电子商务的发展及其管理哲学的研究，使其不仅具备了时代性的特点，而且也具备了前瞻性和战略性的特点。

在研究过程中，我们还在实践的基础上动态地把握住主客体之间的关系，发挥其管理价值的特性，而他们之间的关系正是价值理论的精髓所在。事实证明，实践性和时代性既是管理哲学的精华，也是价值哲学的精华。

电子商务是信息社会的产物，是信息社会发展到一定阶段经过

---

① 杨耕. 马克思主义历史观研究［M］. 北京：北京师范大学出版社，2012.

商务模式创新应运而生的一种经营方式，信息社会的核心理念是自由、开放、共享，而电子商务也是自由、开放、共享的模式。自由是信息社会的首要核心理念①。电子商务首先带给人们的是商务经营的自由和物质流通与文化交流的自由。马克思所言的人的自由是指社会劳动的自由和社会实践的自由②。电子商务通过互联网使人们自由地获取和使用信息，同时跨越时间与空间的障碍，便于人们之间交流与沟通，在自由的信息环境中进行社会劳动和社会实践。电子商务的发展也推进了虚拟现实技术的发展，使人们的实践能力和实践范围获得了极大地拓展，为人们打开了一个自由、全面发展的空间。同样，电子商务及其信息社会的发展也将会越来越宽泛，会给人们带来更加深层次的自由。智能化和自动化的生产将会极大地提高劳动生产率，给人们带来更多的自由时间，为人的全面发展提供动力和支持。

开放是电子商务的重要基石，也是电子商务的精神实质。电子商务首先是改变了人们的思维观念，无论是“互联网+”思维、大数据思维，还审全球化思维，都是开放性思维的表现形式，通过互联网而进行的物质流通和文化交流更加深化了人们的思维模式，让开放的理念深入人心。纵观现代社会，任何一个民族与国家都不可能独立地生存与发展，在经济领域、信息技术、人才交流等方面都需要在全球的范围内进行资源的配置。在未来的商务经营中，个性化生产与消费将会成为主流，特别是文化方面的消费也将会打破时空的界限，在全球化、互联网、大数据的浪潮下，所有的商务企业

① 孙伟平，赵宝军. 信息社会的核心价值理念与信息社会的建构［J］. 哲学研究，2016（9）.

② 杨耕. 马克思主义历史观研究［M］. 北京：北京师范大学出版社，2012.

都在同一个平台上进行竞争，需要在开放的环境和信息获取中取得竞争的优势。文化的多元性和内容的丰富性需要电子商务能够兼容并蓄，不断地开拓进取，积极地调动主观能动性和激发创新激情，促进电子商务的蓬勃发展。

展望电子商务未来的发展，必定还会以其快速成长来影响人们的实践生活。从管理哲学的视阈和电子商务的发展态势来看，共享成了未来电子商务的关键词，共享经济及其共享发展的概念将会成为未来电子商务发展的必由之路。共享经济也可称为“分享经济”等，是人们以共享为特征的经济活动组织方式，是人们在资源共享的条件下进行的分工合作[①]。共享经济将会利用互联网平台将剩余的资源进行分享，改变人与人之间的关系，实现跨时空的交往，人与人之间的共享将会激发人的创新热情，实现个人的全面发展；企业间的资源共享将会构建新的商务生态的系统，驱动产业间的升级，使企业间的分工更加精细化，管理的运作效率更高；国与国之间的共享将会带来更加自由的贸易交往，带动全世界的经济发展。因此，在未来的发展中，共享经济将成为电子商务发展的重点。电子商务不仅带来了共享经济，从社会发展的角度来看，也将会带来全社会的共享发展。我国“十三五”规划指出：“共享是中国特色社会主义的本质要求。必须坚持发展为了人民、发展依靠人民、发展成果由人民共享，做出更有效的制度安排，使全体人民在共建共享发展中有更多的获得感。”共享发展成为当今社会的主旋律，电子商务的发展应该以全社会共享发展为主要目标，消除贫困，更加合理地分布教育、医疗等资源，以积极的心态迎接共享发展的成果，将电子商务的发展与社会和经济的发展有机地

① 宋逸群，王玉海. 共享经济的缘起、界定与影响［J］. 教学与研究，2016（9）.

融合。

未来必将是自由、开放、共享的商务时代，自由、开放、共享正是电子商务的价值所在。在自由、开放、共享的思维模式下，需要与时俱进地进行创新与发展。电子商务又处于快速发展与变革的时代，更需要用与时俱进的思维和创新的精神进行开拓性的、符合具有我国特色的实践性与时代性的研究，使电子商务及其发展的实践得到更好的反思，使其理论得到更好的阐释。

参考文献

（一）中文专著类

［1］中共中央马克思恩格斯列宁斯大林著作编译局. 马克思恩格斯选集［M］. 北京：人民出版社，2012.

［2］马俊峰. 马克思主义价值理论研究［M］. 北京：北京师范大学出版社，2012.

［3］欧阳康. 马克思主义认识论研究［M］. 北京：北京师范大学出版社，2012.

［4］聂锦芳. 马克思的“新哲学”：原型与流变［M］. 北京：中国社会科学出版社，2013.

［5］俞吾金. 被遮蔽的马克思［M］. 北京：人民出版社，2012.

［6］孙正聿. 马克思主义辩证法研究［M］. 北京：北京师范大学出版社，2012.

［7］刘大椿. 科学哲学［M］. 北京：人民出版社，2000.

［8］丰子义. 马克思主义社会发展理论研究［M］. 北京：北京师范大学出版社，2012.

［9］杨耕. 马克思主义历史观研究［M］. 北京：北京师范大学出版社，2012.

［10］袁贵仁. 马克思主义人学理论研究［M］. 北京：北京师范大学出版社，2012.

［11］王南湜. 马克思主义哲学中国化的历程及其规律研究［M］. 北京：北京师范大学出版社，2012.

［12］衣俊卿，等. 马克思主义文化理论研究［M］. 北京：北京师范大学出版社，2012.

［13］衣俊卿. 文化哲学十五讲［M］. 北京：北京大学出版社，2004.

［14］张一兵. 马克思哲学的历史原像［M］. 北京：人民出版社，2009.

［15］孙伯鍨，张一兵. 走进马克思［M］. 南京：江苏人民出版社，2012.

［16］张一兵. 回到马克思：经济学语境中的哲学话语［M］. 南京：江苏人民

出版社，2013.
[17] 罗国杰. 马克思主义伦理学的探索 [M]. 北京：中国人民大学出版社，2015.
[18] 牟钟鉴. 新仁学构想：爱的追寻 [M]. 北京：人民出版社，2013.
[19] 贺金瑞，等. 新时期马克思主义哲学创新发展论辩 [M]. 南昌：百花洲文艺出版社，2007.
[20] 贺金瑞 . 全球化与交往实践 [M]. 北京：人民出版社，2013.
[21] 邹文广，常晋芳. 全球化进程中的人 [M]. 郑州：河南人民出版社，2011.
[22] 韩震. 思考的痕迹：文化碰撞中思想的生成 [M]. 北京：北京师范大学出版社，2006.
[23] 李德顺. 价值论：一种主体性研究 [M]. 北京：中国人民大学出版社，2013.
[24] 李德顺. 我们时代的人文精神：当代中国价值哲学的建构及其意义 [M]. 北京：北京师范大学出版社，2013.
[25] 李德顺. 精神家园：新文化论纲 [M]. 哈尔滨：黑龙江教育出版社，2010.
[26] 刘敬鲁. 经济哲学 [M]. 北京：中国人民大学出版社，2008.
[27] 刘敬鲁. 现代管理重大问题哲学研究 [M]. 北京：中国社会科学出版社，2015.
[28] 刘敬鲁，等. 西方管理哲学 [M]. 北京：人民出版社，2010.
[29] 彭新武，等. 管理哲学导论 [M]. 北京：中国人民大学出版社，2006.
[30] 成中英. 文化 · 伦理 · 管理 [M]. 北京：东方出版社，2010.
[31] 龚群. 现代伦理学 [M]. 北京：中国人民大学出版社，2010.
[32] 崔绪治，徐厚德. 现代管理哲学概论 [M]. 南昌：江西人民出版社，1986.
[33] 杨伍栓. 管理哲学 [M]. 北京：北京大学出版社，2002.
[34] 葛荣晋. 中国管理哲学导论 [M]. 北京：中国人民大学出版社，2007.
[35] 齐善鸿，等. 新管理哲学：道本管理 [M]. 大连：东北财经大学，2011.

[36] 杨耕. 马克思主义历史观研究 [M]. 北京：北京师范大学出版社，2012.
[37] 吴晓波. 商战：电商时代 [M]. 武汉：湖北教育出版社，2014.
[38] 费孝通. 中华民族多元一体格局 [M]. 北京：中央民族大学出版社，2003.
[39] 张秀萍. 供应链管理哲学思辨与实践 [M]. 北京：经济管理出版社，2014.
[40] 张秀萍. 投资中国 [M]. 北京：经济管理出版社，2014.
[41] 董晓华. 电子商务概论 [M]. 重庆：重庆大学出版社，2009.
[42] 田华. 新编电子商务 [M]. 北京：北京大学出版社，2015.
[43] 洪涛. 高级电子商务教程 [M]. 北京：经济管理出版社，2011.
[44] 《创新之路》主创团队. 创新之路 [M]. 北京：东方出版社，2016.
[45] 秦成德. 移动电子商务 [M]. 重庆：重庆大学出版社，2016.
[46] 林德宏. 科技哲学十五讲 [M]. 北京：北京大学出版社，2004.
[47] 吴敬琏，等. 供给侧改革：经济转型重塑中国布局 [M]. 北京：中国文史出版社，2016.
[48] 陈春花，等. 组织行为学 [M]. 北京：机械工业出版社，2009.
[49] 陈春花. 经济发展与价值选择 [M]. 北京：机械工业出版社，2016.
[50] 陈春花. 激活个体：互联网时代的组织管理新范式 [M]. 北京：机械工业出版社，2016.
[51] 宁钟. 创新管理：获取持续竞争优势 [M]. 北京：机械工业出版社，2012.
[52] 刘学. 战略从思维到行动 [M]. 北京：北京大学出版社，2009.
[53] 郎咸平. 郎咸平说：新经济颠覆了什么 [M]. 北京：东方出版社，2016.
[54] 王义桅. “一带一路”机遇与挑战 [M]. 北京：人民出版社，2015.
[55] 马化腾，等. 互联网+：国家战略行动路线图 [M]. 北京：中信出版社，2015.
[56] 王坚. 在线 [M]. 北京：中信出版社，2016.
[57] 吴晓波，等. 读懂中国制造 2025 [M]. 北京：中信出版社，2015.
[58] 孙占利. 电子商务法 [M]. 厦门：厦门大学出版社，2013.
[59] 黄恒学，等. 管理哲学 [M]. 北京：中国经济出版社，2014.
[60] 姚鸿健. 管理哲学新论：管理即建构 [M]. 济南：山东大学出版社，2015.

[61] 查菲. 电子商务管理：战略、执行与实务 [M]. 大连：东北财经大学出版社，2011.
[62] 泰勒. 科学管理原理 [M]. 北京：机械工业出版社，2007.
[63] 德鲁克. 非营利组织的管理 [M]. 北京：机械工业出版社，2009.
[64] 彼得·圣吉:《第五项修炼——学习型组织的艺术与实践 [M]. 北京：中信出版社，2009.
[65] 明茨伯格. 战略历程：穿越战略的旷野 [M]. 北京：中信出版社，2012.
[66] 特班，等. 电子商务：管理与社交网络视角 [M]. 北京：机械工业出版社，2014.
[67] 德鲁克. 21 世纪管理挑战 [M]. 北京：机械工业出版社，2009.
[68] 德鲁克. 创新与企业家精神 [M]. 北京：机械工业出版社，2009.
[69] 德鲁克. 管理的实践 [M]. 北京：机械工业出版社，2009.
[70] 明茨伯格. 明茨伯格论管理 [M]. 北京：机械工业出版社，2012.
[71] 熊彼特. 经济发展理论 [M]. 北京：商务印书馆，1990.
[72] 波特. 国家竞争优势 [M]. 北京：中信出版社，2012.
[73] 波特. 竞争论 [M]. 北京：中信出版社，2009.
[74] W. 钱·金，莫博涅. 蓝海战略：超越产业竞争开创全新市场 [M]. 北京：商务印书馆，2005.
[75] 亨廷顿，等. 文化的重要作用：价值观如何影响人类的进步 [M]. 北京：新华出版社，2010.
[76] 福列特. 福列特论管理 [M]. 北京：机械工业出版社，2013.
[77] 汤普森，等. 战略管理：获取竞争优势 [M]. 北京：机械工业出版社，2011 年。
[78] 巴纳德. 经理人员的职能 [M]. 北京：机械工业出版社，2013.
[79] 皮埃尔·勒鲁. 论平等 [M]. 北京：商务印书馆，1986.
[80] 费雷尔，等. 企业伦理学：伦理决策与案例 [M]. 北京：中国人民大学出版社，2012.
[81] 亚当·斯密. 道德情操论 [M]. 北京：中国城市出版社，2008.
[82] 彼得·蒂尔. 从 0 到 1 ：开启商业与未来的秘密 [M]. 北京：中信出版

社，2015.
[83] 摩尔. 公司进化论：伟大企业如何持续创新 [M]. 北京：机械工业出版社，2014.
[84] 戴明. 转危为安 [M]. 北京：机械工业出版社，2016.
[85] 刘易斯. 经济增长理论 [M]. 北京：机械工业出版社，2015.
[86] 克鲁格曼. 战略性贸易政策与新国际经济学 [M]. 北京：中信出版社，2010.
[87] 吴军. 智能时代：大数据与智能革命重新定义未来 [M]. 北京：中信出版社，2016.
[88] 吴军. 硅谷之谜 [M]. 北京：人民邮电出版社，2016.
[89] 舍恩伯格. 大数据时代：生活、工作与思维的大变革 [M]. 杭州：浙江人民出版社，2013.
[90] 罗斯. 共享经济：市场设计及其应用 [M]. 北京：机械工业出版社，2015.
[91] 德鲁克. 卓有成效的管理者 [M]. 北京：机械工业出版社，2009.
[92] 雷恩. 管理思想史 [M]. 北京：中国人民大学出版社，2009.
[93] 霍金森. 领导哲学 [M]. 昆明：云南人民出版社，1987.
[94] 西蒙. 管理行为 [M]. 北京：机械工业出版社，2004.
[95] 涂子沛. 大数据：正在到来的数据革命，以及它如何改变政府、商业与我们的生活 [M]. 桂林：广西师范大学出版社，2012.
[96] 吴军. 浪潮之巅 [M]. 北京：人民邮电出版社，2013.

（二）中文博士论文及期刊论文类

[1] 乔东. 管理思想哲学基础反思 [D]. 北京：清华大学，2005.
[2] 张兰廷. 大数据的社会价值与战略选择 [D]. 北京：中共中央党校，2014.
[3] 熊在高. 当代境遇中的价值论研究与现代性问题 [D]. 北京：中国社会科学院研究生院，2003.
[4] 巨乃岐. 技术价值论研究 [D]. 山西：山西大学，2009.
[5] 陈玉君. 马克思的价值理论研究 [D]. 南京：南京师范大学，2011.

[6] 吴春雷. 马克思宏观经济思想及其当代价值 [D]. 山东：山东大学，2012.
[7] 刘新刚. 马克思现代社会发展理论的价值维度研究 [D]. 北京：清华大学，2008.
[8] 朱晓东. 实践价值论与价值哲学的变革 [D]. 吉林：吉林大学，2009.
[9] 仲计水. 技术价值论研究 [D]. 北京：中共中央党校，2005.
[10] 王永明. 自我管理：知识经济时代的管理哲学 [D]. 山东：兰州大学，2008.
[11] 任雪萍. 企业管理价值生态研究 [D]. 合肥：合肥工业大学，2010.
[12] 林喆. 论经济平等的正当性依据 [D]. 北京：中共中央党校，2011.
[13] 韩小荣. 管理公正论 [D]. 博士学位论文，苏州大学，2009.
[14] 刘杰. 全球化境遇中的跨文化管理 [D]. 苏州：苏州大学，2003.
[15] 王定云. 东方管理人道理论研究 [D]. 上海：复旦大学，2012.
[16] 傅长吉. 管理的人性本质 [D]. 吉林：吉林大学，2006.
[17] 张继亮. 管理哲学视阈下社会资本问题研究 [D]. 黑龙江：黑龙江大学，2015.
[18] 叶春森. 企业云计算服务的商业价值创造研究 [D]. 合肥：合肥工业大学，2014.
[19] 査金祥. B2C 电子商务顾客价值与顾客忠诚度的关系研究 [D]. 浙江：浙江大学，2006.
[20] 魏斐翡. 电子商务物流服务中顾客互动对服务购买意愿的影响研究 [D]. 湖北：华中科技大学，2013.
[21] 孔南钢. 中国商务伦理模式构建和实现路径研究 [D]. 南京：南京大学，2011.
[22] 沈伟鹏. 管理哲学视阈下“个人力”与“组织力”的关系研究 [D]. 北京：中国人民大学，2011.
[23] 李宏伟. 管理效率的哲学研究 [D]. 北京：中国人民大学，2011.
[24] 邓俊英. 从哲学的视野回望泰罗科学管理 [D]. 北京：中国人民大学，2011.
[25] 彭新武. 国家创新：制度与观念的变革 [J]. 北京行政学院学报，2011

（6）.
[26] 马俊峰. 马克思世界历史理论的方法论意义［J］. 中国社会科学，2013（6）.
[27] 李德顺. 马克思主义价值论发展探析［J］. 中国特色社会主义研究，2013（6）.
[28] 鲁品越. 虚拟经济的诞生与当代精神现象［J］. 哲学动态，2015（8）.
[29] 鲁品越. 价值新概念与唯物史观新境界［J］. 西南大学学报，2014（4）.
[30] 鲁品越. 现代生产力结构与我国所有制结构［J］. 马克思主义研究，2009（7）.
[31] 鲁品越. "创新劳动" 价值与社会生产历史进程［J］. 哲学研究，2009（7）.
[32] 鲁品越. 知识经济时代与生产力理论的重构［J］. 教学与研究，2000（9）.
[33] 叶险明. 关于生产力跨越式发展的世界历史思考［J］. 中国人民大学学报，2002（2）.
[34] 叶险明. 关于知识经济的历史观诠释问题［J］. 哲学研究，2003（9）.
[35] 王海明. 论经济自由原则［J］. 齐鲁学刊，2007（3）.
[36] 沈筱峰，吴彤，于金龙. 从无组织到有组织，从被组织到自组织［J］. 自然辩证法研究，2013（8）.
[37] 王彦东. 伦理道德在社会管理中的应用［J］. 伦理学研究，2005（1）.
[38] 李伦，李军. 相称原则：电子商务隐私保护的伦理原则［J］. 伦理学研究，2014（5）.
[39] 季爱民. 对信息技术伦理根基性的思考［J］. 社会科学研究，2013（3）.
[40] 黄少安，刘明宇. 经济自由及其代价与限度［J］. 文史哲，2004（6）.
[41] 龚天平. 论经济平等［J］. 中南大学学报（社会科学版），2014（12）.
[42] 刘敬鲁. 论我国实现经济平等与经济自由平衡发展的必要性［J］. 中国人民大学学报，2009（1）.
[43] 李萍. 论社会管理创新的实质［J］. 中国人民大学学报，2009（1）.
[44] 李萍. 论管理伦理的问题域及决策方法［J］. 哲学动态，2007（2）.
[45] 王玉樑. 评价值哲学中的满足需要论［J］. 马克思主义研究，2012（7）.
[46] 刘进田. 价值与人及其自我完成［J］. 哲学动态，2015（8）.

[47] 刘红玉，彭福扬. 马克思的创新价值向度论 [J]. 哲学研究，2012 (5).
[48] 贺汉魂，王泽应. 效率与公平的价值内涵及其关系新论 [J]. 哲学动态，2010 (3).
[49] 张卫兵，秦现生. 隐性知识的信息管理初探 [J]. 哲学动态，2010 (9).
[50] 高良谋，胡国栋. 人性结构与管理性质 [J]. 哲学研究，2012 (11).
[51] 杨伍栓. 略论价值与管理价值 [J]. 北京行政学院学报，2004 (4).
[52] 吴晓波. 移动商务与电子商务的比较研究 [J]. 情报杂志，2010 (8).
[53] 许军，梅姝娥. 基于动态能力的电子商务价值创造研究 [J]. 经济管理，2011 (2).
[54] 谢伟. 影响企业电子商务采纳的关键因素 [J]. 经济管理，2012 (2).
[55] 荆林波. 中国电子商务发展状况分析 [J]. 经济管理，2010 (12).
[56] 薛有志. C2C 电子商务卖家的竞争战略研究：基于淘宝网的分析 [J]. 南开管理评论，2012 (10).
[57] 姚公安. 消费者对电子商务企业信任保持过程中体验的影响研究 [J]. 南开管理评论，2010 (2).
[58] 朱镇. 企业电子商务采纳的战略决策行为：基于社会认知理论的研究 [J]. 南开管理评论，2011 (3).
[59] 曲振涛. 网络外部性下的电子商务平台竞争与规制：基于双边市场理论的研究 [J]. 中国工业经济，2010 (4).
[60] 苏强. 职业差评师的产生机理与治理策略研究：以淘宝 C2C 交易平台为例 [J]. 南开管理评论，2014 (8).
[61] 罗家德，贾本土. “自组织”的运行之道 [J]. 中国人力资源开发，2014 (10).
[62] 李云清. 电子商务环境下信息伦理问题及应对策略探讨 [J]. 生产力研究，2006 (11).
[63] 蔡宁伟. 自组织与平台组织的崛起 [J]. 清华管理评论，2015 (11).
[64] 薛有志，郭勇峰. C2C 电子商务卖家的竞争战略研究 [J]. 南开管理评论，2012 (5).
[65] 熊啸. 中国电子商务发展现状及应对战略研究 [J]. 时代经贸，2008

(7).

[66] 互联网金融国家社科基金重大项目课题组. 互联网金融的发展、风险与监管 [J]. 经济研究，2015 (1).

[67] 郭恺. 我国电子商务企业伦理道德建设的思考 [J]. 生产力研究，2013 (8).

[68] 钟兴永，吴顺. 精神需要与精神生产力 [J]. 广义虚拟经济研究，2011 (2).

[69] 杨伍栓. 管理伦理与人本管理 [J]. 西安交通大学学报 (社会科学版)，2004 (12).

[70] 阮平南. 管理理论与模式的根基：管理哲学 [J]. 北京工业大学学报 (社会科学版)，2005 (3).

[71] 宋逸群，王玉海. 共享经济的缘起、界定与影响 [J]. 教学与研究，2016 (9).

[72] 孙伟平，赵宝军. 信息社会的核心价值理念与信息社会的建构 [J]. 哲学研究，2016(9).

[73] 彭新武. 管理哲学：中西融合的批判性考察 [J]. 哲学研究，2011(5).

[74] 彭新武. 科学管理的哲学批判 [J]. 天津社会科学，2011 (5).

[75] 赵华. 论和谐社会中的经济正义 [J]. 伦理学研究，2008 (2).

[76] 董振华. 共享发展理念的马克思主义世界观方法论探析 [J]. 哲学研究，2016 (6).

[77] 徐大建. 社会公平和谐与经济效率 [J]. 上海财经大学学报，2006 (2).

[78] 魏波. 以共享理解发展 [J]. 中国特色社会主义研究，2016 (1).

[79] 裴广一. 浅论管理哲学的出场路径：从主义之争到创新管理 [J]. 海南师范大学学报，2015 (10).

[80] 周菲. 德鲁克管理哲学思想述评 [J]. 辽宁大学学报，1997 (4).

[81] 李培挺. 国外管理哲学基本定位研究：变迁、实质与趋势 [J]. 管理学报，2012 (6).

后　记

随着信息技术的快速发展，数字经济已成为全球经济发展的引擎之一，全球的数字经济的规模无论是量还是质都在快速增长，跨境电商的交易规模也屡创新高。2018 年我国数字经济已达 30 万亿人民币的规模，就整体经济而言可谓三分天下占其一。数字经济已经成为国家经济发展的重要支撑，未来随着 5G 技术的加快布局，商业理念的不断提升，数字经济还将会有质的发展。电子商务作为数字经济的主要形式，从诞生起就受到了各方的关注，它的便捷、高效极大地方便了人们的生活，而且还在不断地改变人们的生活方式，现在可谓无电子不商务。我国近年来对电子商务的研究成果颇多，但在很多问题上还存在研究的空白或研究的深度不足。我的拙作《管理哲学视阈下电子商务研究》，试图通过管理哲学的方法来研究电子商务的事情，同时，利用价值理论分析，为电子商务的管理寻找有效的理论支撑。但是，限于本人的能力有限，有些方面还存在着不足，欢迎读者批评指正。

本书是我于 2017 年在中央民族大学答辩的博士论文的基础上进行部分修改而成的。在博士的学习期间，我的导师张秀萍教授给予了我大量的指导。张老师治学的严谨与对学生无私的爱，让我们深深地感受到了老师的魅力，感谢张教授对我的教育与帮助、督促与鼓励。另外，我还要感谢对外经济贸易大学的秦宣仁教授。秦教授不仅为本书撰写了序言，而且还在日常学习中给予了我大量的指导，老教授对于做学问严谨的态度和开阔的国际视野深深地影响了我，祝秦教授身体健康。

当然，在本书成稿之际，我更怀一颗感恩之心。当初为人父时，才深刻理解不养儿不知父母恩，这里必须要感谢我的父母，父母永远是我前行道路上最大的支持者。感谢我的妻子刘萌，在我学习与写作的过程中，她一直在鼓励我、帮助我。感谢我的儿子王子稷，愿你一切安好，快乐成长。还要感谢我的岳父母，他们一直在为我的家默默地付出。感谢首都图书馆及我的同事们，首都图书馆拥有大量的文献资料，是知识的宝库，让我更加方便地获取资料，获取最新的文献信息。

最后，还要感谢一下自己，因为自己多年来一直对梦想的追求从未敢懈怠过，让自己不断地进步。岁月不光带走了青春，也带来了一个不断前行的自己，不断奋斗的自己，一个拥有更多知识与智慧的自己。

再次欢迎读者对本书进行批评指正，我的电子邮箱是：wangyanwei6666@sina.com，感谢您的来信。

王岩玮

2019年秋

于首都图书馆